Ihr Hobby

Fische im Riffaquarium

Joachim Frische

INHALTSVERZEICHNIS

Einleitung 3

Interessantes zu den Importen von Korallenfischen 7

Krankheiten, deren Erkennung und Behandlung 12

Mangelerscheinungen und die richtige Ernährung 17

Die Vergesellschaftung 24

Fischfamilien für den Einstieg 35

Die Familie Acanthuridae 37

Die Familie Blenniidae 47

Die Familie Cirrhitidae 52

Die Familie Gobiidae 55

Die Familie Labridae 62

Die Familie Plesiopidae 69

Die Familie Pomacentridae 71

Die Familie Pseudochromidae 76

Ein abschließendes Wort 79

e-mail: Info@bede-verlag.de; Internet: http://www.bede-verlag.de
Konzept der Reihe „Ihr Hobby…", Herstellung und Gestaltung: bede-Verlag

Bildnachweis: Joachim Frische, sofern nicht anders vermerkt.

e-mail: Joachim.Frische@t-online.de; Internet: http://www.Korallenriff.de/Frische

ISBN: 3-933 646-49-9
bede-Bestellnummer: HO 390

Der Motor der Riffaquaristik ist der fortwährende Wunsch interessierter Menschen, sich einen Ausschnitt aus der Welt der Korallenriffe in ihr Wohnzimmer zu holen.
In den letzten zwei Jahrzehnten hat die Pflege der Blumentiere immer mehr an Bedeutung gewonnen. Hier wurden enorme Fortschritte erzielt, die das gesteckte riffaquaristische Ziel zu mehr Gemeinschaft und Artenvielfalt immer realer werden ließen. Bei all den Aktivitäten in diesem Teilbereich der Meeresaquaristik wurde die Pflege der Korallenfische in den Hintergrund gedrängt und nicht selten vernachlässigt – ein bedauernswerter Trend. Ein Riff besteht schließlich zu einem nicht unwesentlichen Teil aus Wirbeltieren.

Es sind meiner Ansicht nach die Fische, die einem Riffaquarium erst so richtig „Leben" einhauchen. Die unvorstellbare Farbenpracht, die unterschiedlichen Verhaltensmuster sowie die verschiedenen Formen und Fortbewegungsarten der Fische runden das Bild (zusammen mit den Korallen) eines naturnahen Riffausschnitts hinter Glas ab.
Vor mehr als 30 Jahren galt die Aufmerksamkeit der Fischpflege. Das Ziel bestand darin, das Überleben einer Art im Aquarium so lange wie möglich zu sichern. Heute stehen andere Prioritäten im Vordergrund. Dennoch sind die Beobachtungen aus vergangener Zeit von großer Wichtigkeit. Durch sie ist es möglich, den Fisch in seiner Halt-

Die Beweglichkeit und Farbenpracht der Fische bringt in ein Riffaquarium erst so richtig „Leben"!

barkeit richtig einzustufen und Grundzüge seines Verhaltens im Aquarium abzuschätzen. So waren es die Pioniere auf dem Gebiet der Fischaquaristik, die hier hervorragendes geleistet haben. Ich zähle zu diesen den 1992 verstorbenen Peter CHLUPATY ebenso wie Frank de GRAAF, auf deren Bücher noch heute zurückgegriffen wird.

Neben der erfolgreichen Pflege von Fischen, wird die Vergesellschaftung mit Wirbellosen eingehend besprochen. In diesem Themenkomplex gehören beispielsweise Verträglichkeit und Erhalt der Wasserqualität. Man über die sozialen Aspekte unserer Pfleglinge zu erfahren. Wie lassen sich die Arten untereinander und miteinander vergesellschaften? Paarbildung und Ablaichverhalten sind in diesem Zusammenhang zwei weitere Schwerpunkte, die dem interessierten Aquarianer spannende Fragestellungen aufgeben, die es zu lösen gilt. Als krönender Abschluß ist schließlich die Aufzucht zu nennen. Dies gilt für Fische ebenso wie für die Niederen Tiere.

Um aber die drei letztgenannten Themenbereiche angehen zu können, müssen einige Voraussetzungen ge-

Die heutige Riffaquaristik zeichnet sich durch ein naturnahes Bild hinter Glas aus, in dem Steinkorallen dominieren. Das hier abgebildete Aquarium wird von Horst-Dieter BÄNSCH betrieben.

mag es kaum glauben, aber beide Forderungen sind eng miteinander verbunden – dazu später mehr.

Ein weiteres Aufgabengebiet in der heutigen Meeresaquaristik ist es, mehr schaffen werden. Habe ich in dem Buch Ihr Hobby: „Blumentiere für das Riffaquarium" die Grundlage für die optimalen Pflegebedingungen von Korallen vorgestellt, so soll das vorlie-

gende Buch ergänzend diese Aufgabe für die Fische der Korallenriffe erfüllen.
Ziel ist es, dem Aquarianer einen Weg aufzuzeigen, Fische und Wirbellose artgerecht miteinander zu vergesellschaften und gleichwertig miteinan der zu pflegen. Eine optimale Pflege der Blumentiere muß nicht auf Kosten der Fische geschehen!
Welche Fische eignen sich für den Anfänger? Welche Ansprüche müssen für eine optimale Fischpflege erfüllt werden? Auf was muß ich beim Kauf von Fischen achten und auf welche Verhaltensweisen muß ich mich bei einem evenutellen Erwerb eines Fischs einstellen?
Fragen die die nächsten Seiten beantworten werden.

Enttäuscht wird sich jener Aquarianer zeigen, der in diesem Buch „Fische für ein Fischaquarium“ sucht. Sie bleiben unberücksichtigt, weil für sie ganz andere Voraussetzungen benötigt werden um einen optimalen Lebensstandard zu erreichen. Dies heißt aber nicht, daß Themen wie Krankheiten, Fütterung und Importe nicht auch auf diese Flossenträger zutreffen würden. Sollte es mir am Ende dieses Buchs gelungen sein, daß der Pfleger mariner Blumentiere sich darauf besinnt, auch seine Fische in optimaler Kondition zu halten (und nicht am Rande des Hungertods zu pflegen) habe ich einen Teil meines gesteckten Ziels erreicht. Der zweite Teil besteht darin, kein „Fischsammelsurium“ zu kreieren, sondern ein Gleichgewicht an artge-

recht gepflegten Fischen, auf deren Sozialverhalten soweit als möglich, Rücksicht genommen wurde.

Alles Wissen nützt nichts, wenn es nicht niedergeschrieben wird und dem interessierten Leser zur Verfügung gestellt wird. Um dieses Vorhaben zu verwirklichen, waren eine Reihe von Leuten und Institutionen – zusammen mit dem Autor – notwendig. Diesen Personen gilt mein Dank!

Auch dieses Mal muß ich den Herren Burkhardt RAMSCH (Firma AquaCare) und Jean-Jacques ECKERT (Firma Aquarium Systems) für die Unterstützung und Fachgespräche danken. Dies gilt auch für Herrn Robert BRONS (de Jong Marine Life B.V. Netherlands). Ein ganz besonderer Dank gilt Frau Prof. Ellen THALER, mit der ich ausgesprochen interessante und lehrreiche Diskussionen vor unseren Aquarien habe führen

Nicht jeder Fisch eignet sich für ein Riffaquarium. Eine Vielzahl von Arten, wie beispielsweise dieser Leopardendrückerfisch Balistoides conspicillum *kann in einem Fischaquarium gepflegt werden. Fische für ein Fischaquarium werden in diesem Buch nicht abgehandelt.*

Allen voran meiner Frau Claudia und meinen Kindern Raphael und Vanessa, die wieder einmal damit zurecht kommen mußten, daß meine Freizeit durch die Niederschrift des Manuskripts reduziert wurde.

Ein weiterer Dank richtet sich an meinen meerwasseraquaristischen Mitstreiter Heinrich BARCHET.

können; Verhaltensweisen bei Fischen sind ein schier unendliches Thema, mit immer neuen Aspekten und Resultaten. Meinem Freund Franz HÖGERL danke ich für die stets einwandfreien Tiere. Abschließend danke ich meinen Schwiegereltern Waltraud und Friedrich sowie meinen Eltern Jutta und Bernhard für die Unterstützung.

Interessantes zu den Importen von Korallenfischen

Ein interessanter Themenbereich ist der Import von Tieren aus tropischen und subtropischen Ländern. Dabei ist es nach meinem Empfinden wesentlich zu erfahren, welchen Strapazen die marinen Riffbewohner auf ihrem Weg in unsere Aquarien ausgesetzt werden.

Eine Importstation in Singapur, von der aus Lebewesen der Korallenriffe in alle Welt versandt werden. Foto: bede-Verlag

In vielen Ländern, in denen Tiere aus den Korallenriffen gefangen und gesammelt werden, ist dieser Bereich inzwischen von so großer wirtschaftlicher Bedeutung geworden, daß auf ihn gar nicht mehr verzichtet werden könnte. Viele Fänger verdienen mit dem Fang von Korallenfischen und dem Sammeln von Niederen Tieren - ihren Lebensunterhalt und sind dadurch in der Lage, ihre Familien zu ernähren. Gäbe es die Aquaristik nicht, würden diese Familien verarmen! Aber nicht nur das – die Fische würden dennoch für den eigenen Verzehr gefangen. Die in diesen Ländern ansässigen Menschen haben zu ihrer heimischen Tier- und Pflanzenwelt ein anderes Verhältnis als beispielsweise wir Liebhaber im fernen Europa. Sie begegnen ihnen jeden Tag. Für sie ist ein Kaiserfisch nichts besonderes – „ein Fisch halt"!

Und wenn mit diesen Fischen Geld zu verdienen ist, erfüllen sie in den Augen der Fänger einen guten Zweck. Wir verfahren mit unserer heimischen Tierwelt ähnlich – oder?

Prinzipiell stellt sich natürlich die Frage nach dem Erhalt der marinen Ressourcen. Ist es durch die Aquaristik möglich, Arten in ihrem natürlichen Bestand zu gefährden? Die Frage kann eindeutig mit nein beantwortet werden, jedoch mit der Einschränkung, daß als Grundvoraussetzung ein intaktes Biotop gewährleistet ist.

Inzwischen gehen die meisten Fangstationen dazu über, bestimmte Areale ihrer Riffe nur zu bestimmten Zeiten und für beschränkte Zeiträume zu befischen. Dies hat den Vorteil, daß sich die Population stets erholen kann und eine Überfischung – wie in der kommerziellen Schleppnetzfischerei – vermieden wird.

Wird nun auch noch der Fang mit Stellnetzen oder Handkäschern und Schürstab betrieben, ist die Bedrohung einer Art durch Überfischung für die Aquaristik nicht zu fürchten. Leider aber kommt es immer wieder vor, daß zerstörerische Fischereipraktiken wie etwa die Gift- und Dynamitfischerei in Korallenriffen betrieben werden. Vor allem Cyanid hat hier einen traurigen Ruhm erlangt.

Nur wir Aquarianer wollen derart gefangene Fische nicht und es sei angemerkt, daß weltweit Bemühungen laufen diese Form des Fischfangs einzudämmen. Unverständlicher Weise wird die Dynamitfischerei mitunter auch der Aquaristik zugeschrieben. Ein purer Blödsinn, denn tote Fische werden von der Meeresaquaristik nicht gefordert.

Mit diesen kurzen Ausführungen möchte ich die Thematik Arten- und Biotopschutz auf sich beruhen lassen. Die Gegner der Riffaquaristik sind hier ohnehin nicht zu überzeugen.

Die gefangenen Fische werden zunächst in einem Plastikbeutel verpackt, der am Gürtel der Fänger befestigt ist. Hat der Fischer genügend Tiere eingesammelt, werden diese in einem Bassin vor seiner Hütte zwischengehältert. Das benötigte Frischwasser wird mittels Eimer oder ähnlichen Behältnissen mehrmals täglich erneuert. Sind die Tröge gefüllt, werden die Fische abermals in Plastikbeutel verpackt und zum Exporteur in die nächste Stadt verfrachtet. Dies geschieht meist mit einem kleinen Anhänger, der von einem Moped gezogen wird. Hier erfolgt die Bezahlung und eine abermalige Zwischenhälterung in den Anlagen der Exporteure. Die flossentragenden Neuankömmlinge werden nun auf die Stockliste gesetzt die dann an interessierte Importeure versandt wird. Wie lange die Fische in den Anlagen der Exporteure verweilen schwankt zwischen einigen Tagen bis hin zu zwei Wochen. Dann erfolgt das erneute Eintüten und der Versand zum Flughafen, wo die Fische in alle Welt verschickt werden.

Während der Fänger lediglich einen Wasseraustausch mit natürlichem Meerwasser vornimmt, findet sich in den Anlagen vieler Exporteure ein Antibiotikum-Coktail. Diese präventive Maßnahme soll einen Ausbruch bakterieller Infektionen verhindern. Ein derartiger medikamentöser Einsatz kann die Fische immer wieder begleiten, bis sie im heimischen Aquarium des Liebhabers eine neue Heimat finden. Leider variieren die nicht deklarierten antibiotischen Wirkstoffe in Art und Konzentration und so kommt es nicht selten vor, daß unter den Krankheitserregern ungewollt der Entwicklung resistenter Formen Vorschub geleistet wird, die mit den üblichen

1. Ansicht eines kleinen Teils einer Exportstation. Hier werden Korallenfische für die Ausfuhr in alle Welt zwischengehältert.

2. Die Arbeiten für den Versand eines Transports von marinen Organismen gehören zum alltäglichen Geschäft einer Exportstation.

3. Der Fisch schwimmt in einem Transportbeutel, der mit Sauerstoff und Wasser gefüllt ist.

4. Eine Kiste wird verpackt. Wichtig dabei ist eine sichere und dabei platzsparende Packweise.

5. Endlich am Ziel. Nach vielen Stunden Flugzeit sind die Fische am Zielort eingetroffen.

Die verschiedenen Stationen der Zwischenhälterung bis zur Prozedur des Angleichens sind links wiedergegeben. Sie zeigen auch, welche Strapazen die Fische durchleben, ehe sie zu uns in die Aquarien gelangen. Fotos: bede-Verlag

Antibiotika nicht mehr kontrolliert werden können. Auch reversible Schädigungen des Magen- und Darmtrakts sind ebenso zu verzeichnen wie Schleimhautablösungen.

Durch die moderne Infrastruktur hat sich heute die Versandzeit um ein vielfaches verkürzt, so daß die Transporte nahezu verlustfrei überstanden werden. Ein erfreulicher Trend, der sicherlich beim Zwischenhändler und Aquarianer bei einem maßvollen und überlegten Medikamenteneinsatz, weitergeführt werden könnte.

Beim Großhändler angekommen werden die Fische angeglichen und anschließend in die Hälterungsanlagen entlassen. Die nächste Zwischenhälterung erfolgt. Hier erhalten die Fische in vielen Fällen zum ersten Mal – nach Tagen (oder sogar Wochen) – ihr erstes Nahrungsangebot. Es ist verständlich, daß viele Fische zuerst einmal die Nahrung verweigern. Vor allem Tiere die lange Hungerperioden hinter sich haben, brauchen einige Zeit um sich daran zu gewöhnen, wieder fressen zu können. Dies erklärt auch, warum ein Fisch der im natürlichen Riff als gieriger Fresser bekannt ist, sich im Aquarium als schwierig in der Nahrungsaufnahme zeigen kann. Oder daß sich Fische zunächst wahllos auf Niedere Tiere stürzen und damit durch irgendwelche alternativen Nahrungsquellen ihren Hunger zu stillen versuchen.

Der pH-Wert zeigt, daß sich die Wasserparameter während des Transports stark ändern können.

Kurzum die Fische haben eine lange Reise voller Strapazen hinter sich, ehe sie zu uns ins heimische Aquarium gelangen. Das Mindeste was wir diesem Tier bieten können, sind optimale Lebensbedingungen – soweit dies realisierbar ist.

Im Großen und Ganzen soll dieses Kapitel verdeutlichen, welche Unannehmlichkeiten die marinen Lebewesen erdulden müssen, bevor wir Sie im Aquarium pflegen dürfen. Und ich denke, hier ist jeder gefordert, ihnen optimale Lebensbedingungen zur Verfügung zu stellen, und nicht aus Furcht

vor einer Wasserbelastung die Tiere langsam aber sicher verhungern zu lassen.

Es wäre wünschenswert, wenn sich der Aquarianer, dem Blumentiere über alles gehen, sich beim nächsten Erwerb eines beweglichen Farbklecks für sein Riffaquarium das hier Geschriebene ins Gedächtnis ruft und gegebenenfalls auf den Erwerb des einen oder anderen Fischs verzichtet – da ihm eine optimale Pflege doch nicht zuteil werden kann.

Wenn wir den Fisch beim Händler gekauft haben, erinnert oft nichts mehr an die Strapazen des Transports. Wir pflegen einen gesunden Fisch, der all unsere Aufmerksamkeit und eine gute Pflege verdient – wie jedes Lebewesen in menschlicher Obhut.

Krankheiten deren Ursachen und Behandlung

Eines der großen Probleme bei der Pflege von Fischen sind die durch Infektionserreger und Parasiten ausgelösten Krankheiten.
Krankheiten können von allen Lebensformen, das heißt von Viren bis hin zu Wirbeltieren, als auch von den verschiedenen Umwelteinflüssen verursacht werden. Mit den angesprochenen Antibiotika ist es durchaus möglich, diverse Infektionen in den Griff zu bekommen. Erschwerend kommt hinzu, daß beinahe alle Blumentiere eine medikamentöse Behandlung nicht vertragen. Mikroorganismen die dem Erhalt der Wasserqualität dienen, können und werden vielfach bei Medikamenteneinsatz lethal geschädigt.

Wie kann der Meerwasseraquarianer dennoch Fische über die kritischen ersten Wochen der Akklimatisierungsphase bringen und sich viele Jahre lang an gesunden Flossenträgern erfreuen?
Eine Reihe von befreundeten Meerwasseraquarianern – sowie auch ich – haben eine Möglichkeit umgesetzt, die schon längere Zeit bekannt ist.
Sie beginnt schon beim Einsatz der Fische – quasi im Eimer!
Hier hat nämlich die Firma PREIS AQUARISTIK aus Bayerfeld ein Produkt auf den Markt gebracht, das im ersten Moment an einen Düngebeutel eines Blumenfachgeschäfts erinnert, den der Kunde beim Kauf eines Blumenstraußes erhält.

Der Medikamenteneinsatz würde im Riffaquarium ein unkalkulierbares Risiko für die Blumentiere und das biologische Gleichgewicht bedeuten.

Es handelt sich um eine Kunststofftüte, deren flüssiger Inhalt für rund vier Liter Meerwasser reicht. Es trägt den Namen IMMUN-TONIC M und hat zum Ziel, bei einer mindestens 20minütigen Einwirkungsdauer, ektoparasitäre Erreger zu eliminieren. Gleichzeitig sind weitere Inhaltsstoffe dafür verantwortlich, daß der Fisch beruhigt wird. Das Antistreßmittel gewährleistet gleichzeitig, daß der Fisch beim Umsetzen ins Aquarium auf Grund seines „ausgeglichenen" Verhaltens die Aufmerksamkeit anderer Beckeninsassen zunächst nicht auf sich zieht.

Wir haben dieses Produkt mehrfach mit ausgezeichnetem Erfolg eingesetzt. Wechselwirkungen mit anderen Medikamenten wurden bislang nicht beobachtet. Einige Aquarianer haben mir allerdings berichtet, daß diverse Grundeln empfindlich auf dieses Medikamtent reagieren können.

Auf diese Art und Weise ist es möglich, den Fisch vor unterschiedlichen Krankheiten zu schützen. Es gibt aber eine Vielzahl potentieller Erreger, die permanent in der Fischhaut und im Aquarium leben und bei einem geschwächten Organismus ihr unheilvolles Werk beginnen können.

Verschiedene Ursachen können zur Einschränkung der Vitalität führen. Nachfolgend sind die wichtigsten aufgeführt:

Ursachen der Vitalitätseinschränkung:

- **Futterverweigerung.**
- **schlechte Wasserqualität durch:**
  - **Hohe Phosphat- und Nitratwerte.**
  - **stark verkeimtes Wasser.**
  - **Mangel an Spurenelementen.**
  - **Sauerstoffmangel.**
  - **Phenole und Huminsäuren.**
- **Streß durch aggressive Aquarieninsassen und/oder Überbesatz.**
- **Nesselgifte die von Blumentieren abgegeben werden.**
- **zerstörte Schleimhaut durch medikamentösen Einsatz oder Parasiten.**

Die Auflistung verdeutlicht, weshalb die Riffaquaristik auch für die Fischpflege so viele Vorzüge bringt. Vor allem der konstante Erhalt guter Wasserqualität ist meines Erachtens nach der wichtigste Grund, daß erkrankte Fische wieder genesen, bzw. gar nicht erst erkranken.

Um die Gesundheit der neuerworbenen, als auch der alteingesessenen Schuppenträger zu erhalten, ist es wichtig, daß regelmäßige Wasserwechsel ebenso selbstverständlich sein sollten, wie die Gaben von Spurenelementen, Vitaminen und eine ausreichend dimensionierte Technik, die eine gute Wasserqualität gewährleistet. Eine Möglichkeit, wie das Aquarienwasser für die Pflege mariner Organismen optimal aufbereitet werden kann, habe ich in dem Buch Ihr Hobby:

„Das funktionierende Meerwasseraquarium“ bereits vorgestellt.
Trotz optimaler Wasserverhältnisse kommt es immer wieder zu einem Ausbruch von Ichthyo oder Oodinium. Bei beiden genannten Krankheitserregern, die durch das Wimpertierchen ***Cryptocarion irritans*** und dem Dinoflagellaten ***Oodinium ocellatum*** ausgelöst werden, ist eine Behandlung im Riffaquarium mit herkömmlichen Medikamenten unmöglich! Außerdem ist das tückische an diesen ektoparasitären Befällen, daß durch die geschädigte Schleimhaut schnell Sekundärinfektionen durch Infektionserreger auftreten, die nicht selten die Ursache für das Ableben des Fischs sind.
Typische Krankheitssymptome, die bei Fischen auf einen parasitären Befall schließen lassen, sind in aller Regel leicht zu erkennen.

Krankheitssymptome:
- **apathisches Verhalten**
- **Freßunlust**
- **anhaltende beschleunigte Atmung**
- **weißlicher Kotfaden**
- **häufiges Scheuern an Dekorationsmaterialien oder/und auch Blumentieren**
- **Abspreizen der Kiemendeckel**
- **Trübe Flossen und Augen**

Was also ist in einer solchen Situation zu unternehmen?

Das vielfach propagierte Quarantäneaquarium ist meiner Meinung nach unnötig, da wir hier die angesprochenen Voraussetzungen für den Erhalt der Wasserqualität durch den medikamentösen Einsatz für die Dauer der Behandlung, nicht einhalten können. Außerdem ist das mehr oder minder sterile System sicherlich nicht für das Wohlbefinden der Insassen förderlich. Das ist aber bezüglich der Futteraufnahme bei vielen Fischen ein maßgeblicher Faktor.
Außerdem ist es häufig so, daß Fische, die aus der Quarantäne entlassen wurden im Schauaquarium dennoch erkranken – das kann kein Medikament verhindern!
Kurzum, die Behandlung muß im eigentlichen Lebensraum, dem Riffaquarium vorgenommen werden.
Hier wird inzwischen die UV-Methode von vielen Aquarianern erfolgreich praktiziert. Das Aquarienwasser wird durch eine ausreichend dimensionierte UV-Lampe geleitet, die in der Lage ist, Infektionserreger (leider auch nützliche Mikroorganismen) abzutöten. Dies erfolgt mit UV-c Strahlung bei einer Wellenlänge von 253,5 nm.
Um eine einwandfreie Funktion zu gewährleisten, ist es nötig, die UV-Lampen im Dauereinsatz zu betreiben und jährlich zu wechseln.
Mit dieser Methode ist es möglich, den Keimgehalt des Aquarienwassers

wesentlich zu senken, was für den Fischorganismus vorteilhaft ist.

Ich möchte es allerdings nicht unerwähnt lassen, daß auch diese Methode nicht immer erfolgreich ist. Die Schuppenträger können bereits so in Mitleidenschaft gezogen sein, daß die UV-Methode nicht mehr hilft.

Aber lieber setze ich das Leben eines Fischs (und dies fällt einem wirklich ausgesprochen schwer) aufs Spiel, als daß ich durch Medikamenteneinsatz dem gesamten biologischen Gleichgewicht des Aquariums für längere Zeit Schaden zufüge.

Vielfach ist es heute so, daß die vielen robusten Fischarten Dank der guten Hälterung bei den Händlern und den schnellen Transportwegen in einem ausgezeichneten Vitalzustand bei uns eintreffen und im Riffaquarium so gute Lebensbedingungen vorfinden, daß nur kurze „Ichthyo-Phasen" (meist am 3. oder 4. Tag nach Einsatz über maximal 14 Tage) zu beobachten sind.

Der Befall belastet die Fische nur wenig, wenn das Umfeld stimmt.

Eine weitere Möglichkeiten gezielter Parasitenbekämpfung ist die Nutzung natürlicher Zweckgemeinschaften. Gemeint sind hier Putzerfische und Putzergarnelen die sich vorzüglich beim Befall mit Kiemenwürmern bewährt haben. Leider sind diese Barbiere der Meere nicht in der Lage ektoparasitäre Erreger zu vertilgen.

Das Wichtigste zusammengefaßt

- **Eine Behandlung erkrankter Fische ist in einem Riffaquarium nicht praktikabel, da alle Medikamente einen Einfluß auf das Leben im Riffaquarium haben.**
- **Die beste Behandlung sind ideale Lebensbedingungen.**
- **UV-Lampen im Dauereinsatz dezimieren die Keimzahl des Wassers und können auch gegen parasitäre Befälle eingesetzt werden.**
- **Der Einsatz von Quarantäneaquarien sollte gut überlegt sein.**
- **Gegen größere Parasiten wie beispielsweise Kiemenwürmer können Putzerfische oder/und Putzergarnelen eingesetzt werden.**

Einige Parasiten lassen sich auf natürlichem Wege behandeln. So leisten Putzerfische – hier Labroides dimidatus *– sehr gute Arbeit. Über die Pflege berichte ich weiter unten.*

Ebenfalls gut gegen Kiemenwürmer eignen sich die Putzergarnelen aus der Gattung Lysmata. *Vor allem* Lysmata amboinensis *ist den meisten Aquarianern ein Begriff.*

Mangelerscheinungen und die richtige Ernährung

Die Riffaquaristik hat es in den letzten Jahren verstanden, den sessilen Blumentieren der tropischen Riffe immer bessere Lebensbedingungen zu verschaffen.
Um die festsitzenden Riffbewohner in den beschriebenen Zustand zu bringen und zu halten, sind Voraussetzungen zu erfüllen, die unter anderem die Wasserqualität betreffen. So dürfen Phosphat und Nitrat nur in Spuren vorhanden sein – das heißt unterhalb der Nachweisgrenze der herkömmlichen, kolorimetrischen Tests. Und hier beginnt ein Problem. Phosphat und Nitrat wird unter anderem zu einem nicht unwesentlichen Teil über das Futter dem Aquarienwasser zugeführt. Da sich der Aquarianer aber nicht damit zufrieden gibt, Primär- und Sekundärbesiedler zu pflegen – Fische sollten als beweglicher Farbtupfer schon vorhanden sein – sind Wasserbelastungen durch die richtige Fischfütterung unausweichlich.
Leider ist es vielfach so, daß die propagierte Meinung „Fische ernähren sich von dem was im Aquarium vorhanden ist“ nicht haltbar. Jeder Fisch muß abwechslungsreich und ausreichend gefüttert werden – unabhängig von einer möglichen Verschlechterung der Wasserqualität.
Vor allem Doktorfische haben unter der mangelhaften Fütterung sichtbar zu leiden. Aber gerade sie sind es, die häufig und gern in einem Riffaquarium gepflegt werden.

Bei einer ausgewogenen und abwechslungsreichen Ernährung zeigen Doktorfische Farbe, fühlen sich wohl und sind wenig aggressiv.

Was sind Mangelerscheinungen?
Es handelt sich um Erkrankungen, die durch eine qualitativ und / oder quantitativ ungenügende Ernährung ausgelöst werden.
Durch eine unzureichende Ernährung (z.B. ausschließlich mit qualitativ minderwertigem – weil billigem – Trockenfutter) kann es bei Fischen zu Mangelerscheinungen kommen. Hier muß der Aquarianer zwischen sichtbaren

und versteckten Störungen unterscheiden. Die versteckten Mangelerscheinungen sind vom Aquarianer nicht zu erkennen (z.B. eine gestörte Darmflora). Der sichtbare Mangel ist unter anderem an folgenden Krankheitserscheinungen oder Veränderungen zu erkennen:

Sichtbare Mängel:

- **Untergewicht (ausgeprägt durch spitzen Rücken und eingefallenen Bauch)**
- **Schuppenverlust entlang des Seitenlinienorgans und/oder um die Augen**
- **Flossenverfall**
- **Eingefallene Bauchregion durch die sich die Eingeweide abdrücken können**
- **Hornhautablösung der Augen mit einhergehender Erblindung**
- **Abnormes Verhalten und Schwimmweise**
- **Nicht heilende Geschwüre**
- **Ausbleichen der Farbe bzw. Verlust der Farbintensität**

Mit diesen offensichtlichen, leicht erkennbaren Merkmalen möchten ich die Auflistung beenden – sie ist selbstverständlich erweiterbar.

Ursachen für Mangel- und Krankheitserscheinungen

Bisher hatte ich zwar die Fütterung angeführt, die zu einem großen Teil ursächlich zu den beschriebenen Erscheinungsbildern führt. Es gibt aber noch weitere Ursachen:

Ursachen der Mängel:

- **Ektoparasitäre Erkrankungen der Schleimhaut**
- **zu hohe/niedrige Wassertemperatur**
- **zu hoher/niedriger pH-Wert, Dichte, Sauerstoffgehalt**
- **Schlechte Wasserqualität:**
- **Hohe Nitrat- und Phosphatwerte**
- **Antibiotika-Behandlungen**
- **Physische und psychische Belastung, bedingt durch die Aggression der einzelnen Arten**
- **Übervölkerung**

Alle angeführten Ursachen führen zu einem drastischen Verlust oder zu einer Minderung des Vitalzustands und der Abwehrkräfte.
Wodurch können Mangelerscheinungen bei Korallenfischen verhindert werden und welcher Mangel verursacht welches Krankheitsbild?

Ursachen eines Vitaminmangels:

- **Mangelnde Zufuhr von Vitaminen**
- **Resorptionsstörungen des Magen-Darmtrakts**
- **Veränderungen der Darmflora**
- **Organerkrankungen (z. B. Lebererkrankungen)**
- **Eiweißmangel**
- **Antivitamine (z. B. bestimmte Antibiotika)**

Vitaminmangel

Ursachen für Mangelerscheinungen resultieren aus einem Defizit.
Dies können Vitamine, aber auch Mineralien, Aminosäuren etc. sein, die für die Ernährung wichtig sind.
Wesentlich dabei ist es zu wissen, daß alle genannten Substanzen beinahe ausschließlich über die Nahrung aufgenommen werden.
Auf Seite 20 soll eine Übersicht verdeutlichen, welche bekannten Vitamine es gibt, wie sie benannt werden und welche Mangelerscheinungen bei ihrem Fehlen auftreten können.

Vitamine

Vitamine sind lebensnotwendige, organische Stoffe, die der Körper nicht oder nur in unzureichenden Mengen selbst herstellen kann. Die meisten Vitamine sind Produkte pflanzlicher Synthese oder werden von Mikroorganismen gebildet. Vitamine oder deren Vorstufen müssen dem tierischen oder menschlichen Organismus, im Regelfall durch die Nahrung, von außen zugeführt werden. Teilweise sind es Vorstufen, aus denen der Körper dann selbst das aktive Vitamin bildet. Solche Vorstufen werden Provitamine genannt. Man unterteilt die Vitamine in fettlösliche (Vitamin A, D, E, K) und wasserlösliche Vitamine (B_1; B_2; B_6; B_{12}; C; H, Folsäure, Panthothensäure, Nikotinamid) ein.

Fettlösliche Vitamine sind meist in proteinhaltiger Nahrung enthalten. Bei einer Überdosierung kann es zu schweren gesundheitlichen Schädigungen bei Tier und Mensch kommen. Wasserlösliche Vitamine sind überwiegend in kohlehydratreichen Nahrungsmitteln enthalten. Diese Vitamine werden bei einer Überdosierung einfach mit dem Urin ausgeschieden. Der Vitamingehalt der einzelnen Futtersorten hängt von deren Produktion und Lagerung ab. Der Körper ist in der Lage, einige Vitamine zu speichern, so daß er Schwankungen im Nahrungsangebot oder das Fehlen einzelner Vitamine eine Zeit lang ausgleichen kann. Dies erklärt auch, weshalb viele Fische zunächst völlig gesund erscheinen.

Eine der häufigsten Mangelerscheinungen ist der Schuppenverlust rund um die Augen und des Seitenlinienorgans. Ursache sind in einem Mangel in Vitamin A und Vitamin B_2 zu finden. Hier ist ein Zebrasoma xanthurum *abgebildet, der seinen Schuppenverlust nach einem starken* Cryptocarion-*Befall erhielt.*

Mangelerscheinungen

Vitamine gehören zu den wichtigsten Elementen die ein lebender Organismus braucht. Einige werden mit der Nahrung aufgenommen, andere wiederum kann der Körper selbst aus Vorstufen produzieren. Welche Folgen Vitaminmängel für den Organismus haben verdeutlicht die Tabelle, die nicht nur für Fische Gültigkeit hat.

Vitamin A (Retinol)
Funktion: Schutz epithelialer Gewebe, Aufbau des Sehpurpurs, Wuchsfaktor
Krankheitsbild: Blindheit, Epithelschädigungen von Augen und Schleimhaut
Provitamin Betacarotin

Vitamin B_1 (Thiamin, Aneurin)
Funktion: Regulation des Kohlenhydratstoffwechsels
Krankheitsbild: Beriberi, Störungen der Funktion des Zentralen Nervensystems und des Herzmuskels

Vitamin B_2 (Riboflavin)
Funktion: Regulation von Atmungsvorgängen; Wasserstoffübertragung, für das wachsende Tier ein Wachstumsfaktor
Krankheitsbild: Haut- und Schleimhauterkrankungen

Folsäure
Funktion: Übertragung von Einkohlenstoffresten (C_1) im Stoffwechsel
Krankheitsbild: Blutarmut

Panthothensäure
Funktion: Übertragung von Säureresten im Stoffwechsel
Krankheitsbild: Bestimmte Stoffwechselstörungen der Haut

Nikotinsäure, Nikotinsäureamid (Niacin PP-Faktor)
Funktion: Regulation von Atmungsvorgängen; Wasserstoffübertragung; Baustein der Coenzyme NAD und NADP
Krankheitsbild: Pellagra: Entzündliche Hauterscheinungen und psychische Störungen

Biotin
Funktion: Coenzym von an Carboxylierungsreaktionen beteiligten Enzymen;
Krankheitsbild: Hauterkrankungen
Biotin wird durch Darmbakterien synthetisiert

Vitamin B_6
Funktion: Übertragung von Aminogruppen im Aminosäurestoffwechsel;

Vitamin B_{12}
Funktion: Reifungsfaktor der roten Blutkörperchen
Krankheitsbild: Hautveränderungen, Appetitlosigkeit, Nervosität; Haarausfall

Vitamin C (Ascorbinsäure)
Funktion: Redoxsubstanz des Zellstoffwechsels; Radikalfänger
Krankheitsbild: Skorbut, Moeller-Barlow-Krankheit

Vitamin D (Calciferole)
Funktion: Regulation des Calcium- und Phosphatstoffwechsels
Krankheitsbild: Rachitis, Knochenerweichung

Vitamin E (Tocopherole)
Funktion: antioxidativer Effekt (u. a. im Skelett und Herzmuskel), Radikalfänger
Krankheitsbild: bislang nicht ausreichend bekannt

Vitamin K
Funktion: Bildung von Blutgerinnungsfaktoren v. a. von Prothrombin
Krankheitsbild: Blutungen, Blutgerinnungsstörungen

Alle hier genannten Vitamine sind in den angebotenen Frostfuttersorten enthalten. So ist es wichtig, folgende Futtersorten regelmäßig und mindestens ein Mal täglich in ausreichenden Mengen zu verabreichen

Futtersorten tierischer Herkunft:

- ***Mysis***
- **Salinenkrebse**
- **Weiße und Schwarze Mückenlarven**
- **gehacktes Muschel- u. Fischfleisch**
- **Tintenfischfleisch**
- **Krill**
- ***Cyclops***
- **Fisch- und Hummerrogen**
- **Cichliden-Mix**
- **Diskusfood**

Dabei ist vor allem letztgenanntes Nahrungsmittel nicht unumstritten, da hier die Meinungen auseinandergehen. Ist tierische Leber (im Diskusfood vorhanden) für Fische als Nahrung dienlich? Ich persönlich verwende dieses Futter, ohne dabei bislang irgend einen Nachteil festgestellt zu haben.
Weiterhin sollte regelmäßig pflanzliche Kost verabreicht werden:

Futtersorten pflanzlicher Herkunft:

- **Kopfsalat**
- **Eisbergsalat**
- **Spinat (siehe hierzu auch den Artikel in „Der Meerwasseraquarianer" 1/97)**
- **Löwenzahn (siehe hierzu auch den Artikel in „Der Meerwasseraquarianer" 3/98)**

Es kann so einfach sein, Fische mit dem nötigen Futter zu versorgen. In der hier gezeigten Abbildung frißt ein Acanthurus olivaceus *frisch gepflückten Löwenzahn.*

Es sei darauf hingewiesen, daß es zweckmäßig ist, den Salat vor dem Verfüttern zu blanchieren, damit die Fische das Grünfutter besser aufnehmen und verwerten können. Der Vorgang des Blanchierens ist denkbar einfach: Der Salat wird für die Dauer von zehn Sekunden in heißes Wasser getaucht und anschließend unter kaltem Wasser abgeschreckt.
Wer Fische pflegt, kann die genannten Frostfuttersorten auftauen (gutes Wässern wegen des Ausschwemmens des Phosphats aus dem Futter nicht vergessen), mischen, in gebrauchsfertige Portionen aufteilen, und wieder einfrieren. Wird die Nahrung zusätzlich noch vitaminisiert (ich verwende Multisanostol) bevor sie wieder eingefroren wird, findet sich in diesem Futter eine ausgewogene Mi-

schung aller Vitamine, welche den Bedarf der Fische ausreichend abdecken.

Mineralien

Nicht nur Vitamine sind für die Gesundheit der Aquarienfische notwendig – auch Mineralien zählen zu den lebenswichtigen Elementen. Die wichtigsten sind nachfolgend kurz beschrieben.

In dieser Auflistung sind die wichtigsten Mineralien angeführt. Der Leser wird schnell feststellen, daß sich viele dieser Substanzen in guten Spurenelementlösungen wiederfinden. Was für Blumentiere gut ist, schadet vielfach auch den Fischen nicht.

Nicht minder wichtig sind Mineralien. Sie werden ebenfalls über die Nahrung aufgenommen. Da Meerwasserfische trinken, decken sie einen Teil ihres Trinkwasserbedarfs über das sie umgebende Meerwasser.

Calcium:
Funktion: Knochen- und Zahnbildung, Funktionsfähigkeit von Muskeln und Nerven, Blutgerinnung

Eisen:
Funktion: Bildung roter Blutkörperchen, Freisetzung von Nahrungsenergie,

Jod:
Funktion: Für die Schilddrüsenfunktion wichtig

Magnesium
Funktion: Trägt zur normalen Funktionsfähigkeit von Nervensystem und Muskeln bei, Aufbau von Körpereiweiß

Selen:
Funktion: Fängt zusammen mit Vitamin E „Freie Radikale"

Zink:
Funktion: Wachstum, Eiweißaufbau, Verdauung und Kohlenhydratstoffwechsel, Erhaltung von Appetit und Geschmacksausprägung, Transport von Vitamin A

Phosphor:
Funktion: ergänzt sich mit Calcium bei Knochen- und Zahnbildung, Verwertung von Jod, für Nierenfunktion, Nerven

Kupfer:
Funktion: Bildung roter Blutkörperchen, notwendig für den Traubenzuckerstoffwechsel, Nervensystem

Um Überleben zu können, brauchen alle Organismen Vitamine und Mineralien. Da bilden die Organismen aus den Riffen keine Ausnahme. Foto: Y. Tavernier

Das Wichtigste zusammengefaßt

- **Alle Fische benötigen eine ausgewogene, abwechslungsreiche und ausreichende Ernährung.**
- **Mangelerscheinungen resultieren fast immer aus einer unzureichenden Ernährung.**
- **Die meisten essentiellen Vitamine finden sich in den verschiedenen Frostfuttersorten die der Fachhandel anbietet.**
- **Zur Vitaminisierung des Futters eignen sich auch Vitaminpräparate aus dem Humanbereich, z.B. Multisanostol. Diese sollten ein Mal wöchentlich zugegeben werden. Eine Einwirkdauer von circa zehn Minuten hat sich bewährt.**
- **Vor dem Futtereinsatz ist das Frostfutter gut zu wässern. 100 bis 150 g Frostfutter werden über die Dauer von etwa einer Stunde in insgesamt 5 bis 7 l Süßwasser gewaschen. Dies hat zur Folge, daß viele Phosphate aus dem Futter ausgeschwemmt werden.**

Um Fische verschiedener Arten harmonisch in einem Riffaquarium zusammenpflegen zu können, sind verschiedene Voraussetzungen zwingend. Eine reichhaltige und abwechslungsreiche Fütterung gehört dazu!

Als ich vor einigen Monaten die Fütterung der Fische auf die tägliche Gabe umgestellt hatte, konnte ich dabei überraschend feststellen, daß diverse Fische mit Ablaichaktivitäten begannen, bei denen ich dieses zuvor (im Rhythmus der zweitägigen Fütterung) nicht beobachten konnte.

Eine unerwünschte Begleiterscheinung der täglichen Fütterung ist eine langsame aber stetige Wasserverschlechterung. Diese habe ich durch einen großzügigeren Wasserwechsel von etwa 15 % wöchentlich und der ebenfalls wöchentlichen Zugabe des flüssigen Phosphatbinder PHOSPHAT MINUS von der Firma AQUACARE in den Griff bekommen.

Im Anschluß zu den Problemen, die sich aus der Fütterung ergeben, möchte ich an eine Thematik anknüpfen, die unter dem Oberbegriff „Aggressionen bei Korallenfischen" direkt mit dem Begriff Vergesellschaftung verknüpft ist.

Was beinhaltet der Begriff Aggression? Um dies zu erörtern, möchte ich mich auf die seit 1980 im Text unveränderte Ausgabe der dtv-Sachbuchreihe „Bericht aus dem Riff" des Verhaltensforschers Hans W. FRICKE beziehen, die ich mit ihren Aussagen als Grundlage für dieses Kapitel genutzt habe. Vorrangig möchte ich die Frage behandeln, ob sich aggressives Verhalten im Riff auf das Aquarium übertragen läßt oder weshalb Aggressionen im künstlichen Biotop vielfach eine Vergesellschaftung mehrerer Arten nicht ermöglichen.

Vorab möchte ich den Begriff Aggression definieren. Aggressionsverhalten tritt zwischen Angehörigen einer Art (intraspezi-fisch) und zwischenartlich (interspezifisch; dann meist im Rahmen eines Räuber-Beute-Verhaltens) auf. Im allge-meinen durch bestimmte Schlüsselreize ausgelöst, richtet sich Aggression bei starkem Stau reaktionsspezifischer Erregung auch gegen Ersatzobjekte. Das Aggressionsverhalten ist nach Art und Häufigkeit artspezifisch; auch bei der gleichen Art sind Intensitätsschwankungen die Regel (z. B. bei Fortpflanzungszyklen).

Riffbewohner sind nicht immer friedliche Tiere. Aggressive Auseinandersetzungen gehören genauso zum täglichen Erscheinungsbild wie die Jagd nach Beute, einen Geschlechtspartner anbalzen oder sich vor Freßfeinden zu verbergen. Die Erscheinungsformen aggressiven Verhaltens unter Rifftieren sind verschieden und vielseitig.

Heute streiten sich die Aggressionsforscher darüber, ob Aggression überhaupt noch als aufstaubarer und sich selbst entladender Trieb bezeichnet werden kann. (wie ehemals von Konrad LORENZ postuliert). Viele Forscher sind sich heute darüber einig, daß es nicht „die Aggression" gibt. Der Aggressionstyp, wird durch das Ziel bestimmt und unterhalten. Die Aggression ist für das Überleben des Fischs und seiner Art unverzichtbar. So beim täglichen Kampf um die Nahrung, bei

Zwergbarsche aus der Gattung Pseudochromis, *hier* Pseudochromis bitaeniatus, *zeichnen sich durch hohe Aggressivität aus, was unter anderem darauf zurückzuführen ist, daß sie ihre Verstecke und Schlafplätze verteidigen. Foto: Y. Tavernier*

Sind die Rangordnungen innerhalb einer Gruppe ausgefochten, ist aggressives Handeln kaum noch zu beobachten. Dies gilt auch für Doktorfische Hier am Beispiel von Acanthurus olivaceus *und* Acanthurus tennenti *zu sehen. Werden die Fische zudem mit unterschiedlicher Größe gleichzeitig ins Aquarium gesetzt, sind keine Kampfhandlungen zu erwarten.*

der Auseinandersetzung um einen geeigneten Geschlechtspartner oder bei der Verteidigung eines sozialen Verbandes. Aggression begleitet das Leben.Welche auslösenden Signale führen bei Korallenfischen zu einer aggressiven Handlung?

Hierzu ein Beispiel:

Im Roten Meer wurde der blaugetüpfelte Korallenbarsch *Plectroglyphidodon lacrymatus* der sich von feinen grünen Fadenalgen ernährt, die auf Schotterhalden wachsen, beobachtet. Bei der Verhaltensstudie dieses Fischs wurde festgestellt, daß dieser aus der Vielfalt der vorbeistreifenden Fische selektiv alle Arten angriff, die Algenfresser sind.

Aggressivität unter Konkurrenten

Der Auslöser hierbei ist der Anspruch auf ähnliche Lebensansprüche.

Es gilt die Konkurrenten zu verdrängen, denn Lebensraum und Nahrung sind begrenzt.

Ein Verhalten, das sich häufig bei algenfressenden Schleimfischen im Aquarium beobachten läßt. Besonders ruppig geht dabei *Ophioblennius atlanticus* zu Werke.

Aggression im Lebensraum Korallenriff ist also nicht nur gegen konkurrierende Artgenossen gerichtet. Ein Verhalten, das auch im Aquarium von großer Bedeutung ist.

Das Beispiel veranschaulicht den Zusammenhang zwischen Aggression und Nahrung. Steht genügend Nahrung zur Verfügung reduzieren sich die Attacken auf Konkurrenten.

Aggressivität um Versteckplätze

Auch hier entfachen sich immer wieder Auseinandersetzungen, denn gute Verstecke sind begehrt. Man könnte fast sagen: Je beengter der Lebensraum, desto zänkischer werden die Arten. Die Bewohner von engen Korallenköpfen gehören zu den aggressivsten Rifftieren. So beispielsweise die verschiedenen *Dascyllus*-Arten. Kein Wunder also, daß die Aggressionsbereitschaft dieser Barsche steigt, wenn sie im Experiment gezwungen werden, dichter zusammenzurücken. Sie geraten in Konkurrenz um geeignete Versteckplätze.

Für unser Aquarium gilt dies ganz besonders, da hier nur ein geringes Maß an Platz vorhanden ist. Dies erklärt auch, weshalb Fische – und seien sie noch so gut gefüttert – aufeinander losgehen, denn eine unzureichende Nahrungsmenge ist nicht der einzige Grund für aggressive Handlungen.

Diese Verhaltensweisen erklären, weshalb im Riff und im Aquarium mit Eintritt der Dämmerung die Aggressivität zwischen vielen Fischen zunimmt. Bei abnehmender Helligkeit reagieren bestimmte Fische zunehmend territorial und verteidigen die Umgebung des Schlafplatzes gegen Konkurrenten.

Auch Prof. THALER stellt in ihrem Artikel „Scheinaugen“ fest, daß die Intensität der Kampfbereitschaft über den Tag hinweg zunimmt und kurz vor der Schlafplatzsuche ihren Höhepunkt erreicht. Segelflosser beispielsweise schlafen einzeln, weit voneinander entfernt in schmalen Riffspalten.

Dem zur Folge ist es die falsche Maßnahme, bei einem Neueinsatz, das Licht nur teilweise zu löschen. Statt dem „Neuen“ Ruhe zu verschaffen wird er verstärkt den Angriffen der alteingesessenen Aquarienbewohnern ausgesetzt.

Aggressivität in jahreszeitlicher Abhängigkeit

Territorien, die gegen einen Konkurrenten abgesichert werden, sind jahreszeitlichen Größenschwankungen unterworfen. Sie dehnen sich aus, wenn die Umwelteinflüsse schlechter werden und schrumpfen wenn sie sich verbessern. Dies erfolgt in Abhängigkeit von denen im Terrain vorhandenen lebensnotwendigen Gegebenheiten für den gebietsbesitzenden Fisch. Gleiches gilt für das Aquarium! Folglich ist eine regelmäßige und ausreichende Fütterung eine Möglichkeit das Aggressionspotential zu reduzieren. Trotzdem ist es nicht möglich, nur durch eine ausreichende Fütterung die Aggression aufzuheben.

Aggression in der Rangordnung

Ein einfacher Fall sozialer Differenzierung sind durch die Aggressivität geregelte Rang- oder Hackordnungen. Gewöhnlich müssen Rangordnungen nicht täglich durch Kampf erneut bestimmt werden. Sie bleiben – einmal ausgefochten – über eine relativ lange Zeit bestehen. Die Tiere merken sich, wem sie überlegen sind und welchem Gruppenmitglied sie besser aus dem Wege gehen.

Dem Aquarium werden – zumindest zeitweilig – ständig Lebewesen neu zugesetzt. Außer Fischen werden auch Blumentiere zugekauft. Sie verändern bereits ein Revier und lösen dadurch bei den Fischen eine neue Rang- und Hackordnung aus. Dabei ist die Rang- und Hackordnung nicht auf innerartliche Auseinandersetzungen begrenzt, sondern umfaßt alle Aquarienbewohner – vor allem aber die Flossenträger. In diesem Zusammenhang wäre eine schnelle Besetzung vorteilhaft. Da dies aber nicht praktikabel ist, weil sich dabei das Aquarienmilieu lebensfeindlich entwickeln würde, ist eine langsame Besetzung unumgänglich.

Die Rang- und Hackordnung wird auch innerhalb einer innerartlichen Gruppe durch Aggressivität festgelegt.

So beispielsweise eine geradlinige Rangordnung, in die mehrere Männchen und Weibchen der Größe nach gestaffelt eingeordnet sind.

Zuerst regulieren die Tiere durch Aggressivität feste Dominanzverhältnisse, so daß jeder genau seinen Platz innerhalb der Hierarchie kennt. Auch die räumliche Verteilung im Revier wird bestimmt. Erst dann setzt die Feineinstellung der Reviergrenzen ein, und die Tiere beginnen, sich gegenseitig anzubalzen. Das Omega-Tier (das schwächste) spielt den Sündenbock für die gerichteten Aggressivitäten der hochrangigen. Aggressive Spannungen werden über das Omega-Tier ausgetragen.

Dies verdeutlicht meiner Meinung nach, weshalb es im Aquarium immer wieder dann zu Problemen kommen kann, wenn nur zwei Exemplare einer Art gepflegt werden, obwohl diese Fische in der Natur in einer „Gruppen-Hierarchie" leben. Es ist deshalb sinnvoll mehrere Exemplare einer Art oder zumindest einer Gattung zu pflegen. Aggressivitätsverteilung „gleichstarker" Art- oder Gattungsgenossen auf schwächere Artgenossen spielt auch im Aquarium eine wichtige Rolle. Leider führen solche abgeleiteten Aggressionen im Aquarium oft zum Tod des Omega-Tiers.

Es ist bislang unverständlich. Aber der Doktorfisch Acanthurus sohal *und der Bäumchenlippfisch* Novaculichthys taeniourus *können sich nicht ausstehen. Dabei geht das aggressive Verhalten von Seiten des Doktorfischs aus.*

Hieraus ableitend zeigt sich, daß die von mir praktizierte Vorgehensweise des gleichzeitigen Erwerbs mehrerer Doktorfische mit ein Grund dafür sein könnte, daß es mir gelungen ist, eine Gruppe unterschiedlicher Acanthuriden zu pflegen. Als Omega-Tier würde ich hier einen kleinen *Acanthurus tennenti* bezeichnen, auf den sich die Aggressionen vor allem der zwei *Acanthurus sohal* entladen. Ursprünglich gab es noch einen weiteren *A. tennenti.* Dieser wurde jedoch mangels Vitalität schnell getötet.

Übrigens die Sohal reagieren ihre Aggressivität auch an anderen Beckengenossen wie beispielsweise dem Bäumchenfisch *Novaeculichtyhs taeniourus* ab.

Eine wichtige Feststellung dabei ist:

Nur gesunde Tiere können ihren Platz in der Rangordnung behaupten!

Dies heißt gleichzeitig: Nur gut genährte Fische können ihre Position verteidigen und die Attacken des Stärkeren verkraften. Ich denke, daß hier eine jener Ursachen begründet liegt, weshalb in vielen Riffaquarien so viele Fische, so schnell durch alteingesessene Artgenossen getötet werden!

Rangordnungen bilden sich meist bei ortstreuen Rifftieren. Sie haben „freiwillig" ihren Bewegungsspielraum eingeschränkt und begegnen sich deshalb häufiger. Sie haben Gelegenheit ihren Nachbarn kennenzulernen, so daß sich die Mitglieder von Rangordnungsgruppen stets individuell unterscheiden können.

Viele ortstreue Fische, etwa die Planktonfresser unter den Korallenbarschen, treten in solchen Massen auf, daß das Einzeltier unmöglich seinen Nachbarn als Einzelindividuum wahrnehmen kann. In diesen Gruppen bestehen deshalb keine Rangordnungen. Jedes Individuum bleibt anonym.

Im Aquarium heißt dies nichts anderes, als daß Schwarmfische wie beispielsweise Arten der Gattung *Pseudanthias* aggressionslos gegenüber anderen Fischarten sind.

Bisher wurden zwei wichtige Funktionen der Aggression beschrieben:

1. Unterdrückung oder Abweisung von Konkurrenten im Kampf um ökologische Gegebenheiten.
2. Der Aufbau sozialer Strukturen.

Eine dritte wichtige Funktion dient der Verteidigung gegen artfremde Feinde.

Aggression als Mittel der Verteidigung gegen artfremde Feinde

Bei der Auseinandersetzung mit dem Feind wird unter Einsatz aller Mittel auf Leben und Tod gekämpft. Aggressionsforscher klammern diesen Aspekt des aggressiven Verhaltens meist aus, da sie der Ansicht sind, daß diese Form zwischenartlicher Aggression einen anderen Ursprung als die innerartliche Aggression hat.

Im Aquarium läßt sich ein solches Verhalten nicht auslöschen. Auch hier kommt es zu Auseinandersetzungen wenn zwischenartliche Aggressionen seitens der Fische ausgelebt werden. Einige Ursachen dafür wurden bereits angesprochen. Anders als in der Natur kann im Aquarium durch seine räumliche Begrenzung kein Ausweichen erfolgen. Zwangsläufig eskaliert die Situation und dies kann den Tod des Schwächeren als Resultat haben.

Ritualisiertes Kämpfen und beschädigende Aggression

Unter ungestörten Bedingungen finden im Riff selten tötende oder beschädigende Aggressionen statt. Ethologen wissen seit langem, daß bei fast allen aggressiven Tieren, einschließlich des Menschen, Hemmechanismen bestehen. Aggressives Verhalten ist ritualisiert und so abgestimmt, daß der Angegriffene nicht verletzt wird (es sei denn, er dient als Nahrung).

Aggression entlädt sich nur in seltenen Fällen im Kampf. In vielen Situationen reicht ein kurzes Stellen der Flossen, ein Laut oder wie hier im Beispiel des Naso lituratus *weiße Flecken, die ein sicheres Zeichen für eine Streßsituation wiederspiegeln. Der schwächere Artgenosse legt diese Färbung an und der größere läßt ab.*

Im Riff wird nach Möglichkeit nicht lange gekämpft. Langes Kämpfen bedeutet immer, sich den Freßfeinden auszusetzen. Kurze, heftige Drohduelle entscheiden schnell, wer der Stärkere ist. Im Aquarium lassen sich dagegen bei Korallenfischen sehr intensive und langanhaltende Kämpfe leicht auslösen: Kämpfe, die sich die Tiere in natürlicher Umgebung niemals leisten könnten.

Die räumlichen Verhältnisse führen im Aquarium dazu, daß sich artgleiche und artungleiche Fische töten können. Mechanismen für den Auslöser derartiger Kämpfe wurden bereits angeführt. Was führt aber dazu, die natürliche Hemmschwelle des Tötens aufzuheben? Angestaute Aggression durch beengte Verhältnisse? Hunger? Gibt es Möglichkeiten das aggressive Verhalten abzuschwächen?

Rivalisierende Männchen von Ecsenius bicolor *die sich an ihrer Reviergrenze ein Scheingefecht liefern. Solche Gefechte sind bei genügend Platz ungefährlich.*

Aggression von ihrer zerstörerischen Seite: Ein Pinzettfisch der Art Chelmon rostratus *attackiert das Omega-Tier und tötet es binnen weniger Minuten.*

Entschärfung aggressiven Verhaltens

In sozialen Verbänden ist es notwendig, daß im Rang tiefer gestellte Tiere nicht bei jeder Begegnung mit ranghohen vor ihnen fliehen müssen. Die Aggressivität des Dominanten muß von vornherein entschärft werden. Dazu entwickelte die auf Anpassung ausgerichtete Selektion spezielle aggressionshemmende und zugleich friedenstiftende Signale. Dazu zählt beispielsweise, daß kleine Männchen durch vorgetäuschte weibliche Ablaichbewegungen die Aggression des tyrannischen Haremshalters entschärfen. Pseudoweibliches Verhalten ermöglicht es jungen Männchen, unentdeckt und sicher im Harem existieren zu können.

Dies sind nicht nur scheinlaichende Verhaltensmuster, die dazu dienen, daß der Haremshalter den Unterlegenen duldet, dies kann sich auch in einer anderen Färbung äußern:

- juvenil – adult: Wie bei *Pomacanthus* oder *Holacanthus*
- Männchen – Weibchen bei Labridae
- junge Männchen – Weibchen – Männchen bei Labridae

Bestimmte Verhaltensabläufe können ebenfalls aggressives Verhalten reduzieren:

- Zusammenziehen von weichstrahliger Rücken-, Schwanz- und Afterflosse.
- Schräglage des schwächeren Tiers.

Aggressives Verhalten nimmt einen zentralen Platz im Miteinander der Fische des Riffs ein. Wird der Lebensraum zu eng oder treten unnatürliche, der Anpassungsfähigkeit eines Tieres nicht entsprechende Veränderungen auf, zeigt sich die Aggression von ihrer schlechten, zerstörerischen Seite. Dies kann in Aquarien bei einer zu hohen Fischdichte oder mangelhafter Fütterung beobachtet werden.

Dieses Kapitel diente in erster Linie dazu, darauf aufmerksam zu machen, welche Auslösemechanismen in einem Aquarium dazu führen, daß sich Fische bekämpfen und töten. Ein Umstand der im natürlichen Lebensraum undenkbar wäre, da er nicht den Gesetzen der Arterhaltung dient.

Im Riff werden die Bedürfnisse nicht mit körperlicher Gewalt durchgesetzt. Häufig reicht ein kurzes Aufstellen der Flossen, ein Blinken mit dem Augenfleck, eine seitliche Bewegung, ein kurzer knackender Ton und die Fronten sind eindeutig geklärt.

Im Aquarium jedoch, wo die Möglichkeiten des Ausweichens nicht gegeben sind, kann es zu aggressiven Auseinandersetzungen kommen.

Viele aggressionsfördernde Mechanismen können im Aquarium nicht manipuliert werden. Die Fütterung ist meines Erachtens die einzige Möglichkeit, seitens des Meerwasseraquarianers regulierend einzugreifen.

Planktonfresser wie Pseudanthias tuka *leben in großen Schulen. Das Einzeltier kann sich unmöglich alle seine Nachbarn merken oder sie erkennen.*

Das Wichtigste zusammengefaßt

- Im Aquarium läßt sich über die Fütterung Aggression steuern.
- Aggression gehört zum Fischalltag.
- Zerstörerische Aggressivität ist fast ausnahmslos im Aquarium zu beobachten (abgesehen vom Nahrungserwerb in der Natur); der Grund dafür sind zu einem erheblichen Teil die beengten Verhältnisse.
- Agressionsauslöser können sein:

  Konkurrenten um ähnliche Futteransprüche.

  Versteckplätze. Vor allem in der Dämmerung steigen die Auseinandersetzungen um einen guten Schlafplatz; deshalb sollten neu gekaufte Fische nach Möglichkeit nicht kurz vor dem Erlöschen des Lichts eingesetzt werden.

  Beengter Lebensraum! Je kleiner der zur Verfügung stehende Lebensraum, desto heftiger wird dieser verteidigt; im Riff wie im Aquarium.

  Rangordnungen bei Korallenfischen, die in der Gruppe leben, regeln über Aggression die Hierarchie und bestimmen den Gruppenführer. Deshalb beim Einsatz mehrerer Exemplare einer Art stets unterschiedliche Größen wählen die gleichzeitig eingesetzt werden; ein Nachsetzen ist nicht immer erfolgreich.

  Verteidigende Aggression als Einsatz gegen Feinde; hier wird mit allen verfügbaren Mitteln und Waffen auf Leben und Tod gekämpft; im Aquarium niemals Räuber und Beute miteinander vergesellschaften.
- Schwarmfische sind gegenüber anderen Fischarten in aller Regel aggressionslos.
- Hemmechanismen der Aggression, die den Tod des Unterlegenen verhindern, werden im Aquarium häufig durch Platz- und Nahrungsmangel ausgeschaltet.
- Aggressionsentschärfung kann durch bestimmte Verhaltensmuster und durch eine ausgiebige, abwechslungsreiche Ernährung erreicht werden.

Die Kaiser- und Falterfische sind in einem eigenen Buch abgehandelt, deshalb werden sie hier nicht weiter beschrieben.

Unter den Korallenfischen, die für die Meeresaquaristik angeboten werden, gibt es viele farbenprächtige Arten, wie beispielsweise aus den Familien der Kaiser- und Falterfische, die jedoch nicht vorbehaltlos für die Pflege im Aquarium geeignet sind.
Häufig handelt es sich um Nahrungspezialisten oder um Arten, die besondere Ansprüche an die Pflege stellen.

Sie sind für den Anfänger nur bedingt geeignet!
Diese Aussage gilt selbstverständlich nicht nur für die Gaukler und Majestäten der Riffe, sondern läßt sich durch eine ganze Reihe weiterer Fischarten erweitern. Darüber hinaus ist es wichtig zu wissen, ob der erworbene Fisch andere Flossenträger verzehrt oder sich an den Wirbellosen im Riffaquarium vergreift. Es ist für einen Anfänger wenig förderlich, wenn er zuschauen muß, wenn sein übriger Tierbestand langsam aber sicher aufgefressen wird.

Anfängerfische sind einfach an ein Leben im Aquarium zu gewöhnen. Eine Aussage, die vor allem auf die meisten Riffbarsche zutrifft.

Was zeichnet einen Anfängerfisch aus?

Von vielen Aquarianern wird hier leichtfertig und spontan der Preis genannt. Wenn dieses Kriterium wirklich das Maß aller Dinge ist, dann ist der Respekt vor der Kreatur nicht vorhanden und der Aquarianer sollte sich lieber mit leblosen Gegenständen beschäftigen.
Wesentlich für einen Anfängerfisch ist, daß er sich gut an ein Leben im Aquarium anpaßt. Dazu gehören Eigenschaften wie:

Eigenschaften eines Anfängerfischs:

- **nimmt schnell die dargereichte Nahrung an**
- **ist recht unempfindlich gegen Ekto- und Endoparasiten**
- **ist verträglich gegenüber anderen Fischarten**
- **läßt die gepflegten Blumentiere unbehelligt**
- **kann zu mehreren gepflegt werden**
- **die Endgröße ist „vertretbar"**

Die Auflistung könnte noch um den Punkt Bereitschaft zur Fortpflanzung im Aquarium ergänzt werden. Kurzum, Dinge wie Farbenpracht, Verkaufspreis oder Form sind **kein** Maß für einen Anfängerfisch.
Tatsache ist, daß die angeführten Eigenschaften nur auf die wenigsten Fische in allen Punkten zutreffen. So kommt der Aquarianer nicht umhin, die eine oder andere Einschränkung zu machen. Auf den folgenden Seiten möchte ich eine kleine Auswahl an Fischfamilien vorstellen, die sich für die Riffaquaristik bewährt haben.

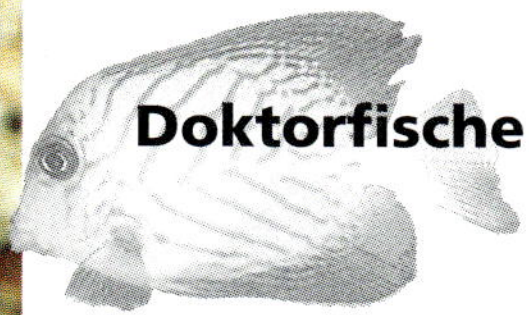

Der Hawaii-Borstenzahn-Doktorfisch Ctenochaetus hawaiiensis. *Foto: Y. Tavernier*

Die Familie Acanthuridae (Doktorfische)

Der Name Acanthuridae heißt übersetzt soviel wie: „Die den Dorn im Schwanze tragen". Und wirklich! Bei allen Mitgliedern dieser Familie findet sich an der Schwanzwurzel eine flexible oder starre zu einem Dorn umgewandelte Schuppe, die, einem Skalpell gleich, bei Gebrauch schwere Schnittverletzungen zufügen kann. Diese Eigenschaft brachte diesen Fischen den deutschen Namen Doktorfische ein. Chirurgenfische ist eine weitere Namensvariante, die heute allerdings kaum noch Anwendung findet. Zu den Gattungen, deren Dorn beweglich ist, zählen *Acanthurus, Paracanthurus* und *Zebrasoma.* Im Ruhezustand ist der Dorn in einer Hautfalte eingebettet. Mit einer 80° Drehung des Schwanzes ist es den Fischen möglich, den Dorn auszuklappen und einzusetzen. Da bei einer solchen Neigung der Dorn immer ausgeklappt wird, kann es im Aquarium durchaus ungewollt zu Verletzungen anderer Fische kommen, wenn sich die Doktorfische hastig bewegen und der Schwimmraum nur unzureichend ist. Im Gegensatz zu dem flexiblen Dorn, tragen die Arten aus der Gattung *Ctenochaetus, Naso* und *Prionurus* ein starres Skalpell.

Für die Aquaristik von großem Interesse sind die Arten aus der Gattung *Acanthurus, Ctenochaetus, Paracanthurus* und *Zebrasoma.* Die Gattung ***Naso,*** die ebenfalls häufig angeboten wird, ist für die meisten Aquarien ungeeignet, da sie mit Größen von mehr als 50 cm viel zu groß werden. Obwohl die Pflege letztgenannter Gattung durchaus ihren Reiz hat, bedenkt man, daß einige dieser Arten mit zunehmendem Alter imposante

Acanthurus nigricans

Acanthurus lineatus
Fotos: Y. Tavernier

Acanthurus achilles *Foto: Y. Taverier*

fressen Arten der Gattung *Naso* beinahe alles, was pflanzlicher Natur ist. So machen sie auch vor den gefürchteten Kugelalgen aus der Gattung *Valonia* keinen Halt.
Arten aus der Gattung *Acanthurus*

Hörner auf der Stirn ausbilden. Einige unter ihnen, wie beispielsweise *Naso brevirostris,* ähneln dann unwillkürlich einem Einhorn. Außerdem

sind die am häufigsten im Handel angebotenen. Leider, denn auch hier handelt es sich vielfach um Arten, die recht groß werden können. Außerdem

Acanthurus leucosternon

Jene Doktorfische, die auf dieser Seite abgebildet sind, gelten in einem Riffaquarium als sehr ausdauernd und einfach zu pflegen. Leider werden sie recht groß.

Oben links: Acanthurus tennenti.

Oben rechts: Acanthurus olivaceus.

Unten links: Acanthurus pyroferus.

ist vielen eine überdurchschnittliche Aggressivität eigen, die im Aquarium auch andere Arten in Mitleidenschaft ziehen kann. Schnell wird der Aquarianer dazu verleitet – es wird ja in fast jedem Buch beschrieben – nur ein einzelnes Exemplar zu erwerben, anstatt auf die Art gänzlich zu verzichten. Es sei hier unmißverständlich erwähnt: Die Pflege von Einzelexemplaren sollte – gleich welcher Art – der Vergangenheit angehören. Einzelhaltung ist zu mißbilligen, denn sie dient weder der Arterhaltung noch der artgerechten Pflege! Hier muß die Riffaquaristik noch dazu lernen.

Eine Reihe von Doktorfischen aus der Gattung *Acanthurus* sind für die Pflege im Riffaquarium ungeeignet, da sie nach meinen Beobachtungen unter anderem die Nesselgifte der unterschiedlichsten Blumentiere nicht vertragen. Dazu gehören im speziellen *Acanthurus achilles, A. leucosternon, A. lineatus, A. japonicus* und *A. nigricans* (früher *A. glaucopareius*). Ob es ausschließlich Nesselgifte sind, ist unwahrscheinlich. Eine Beobachtung, die ich bereits des Öfteren speziell bei *Acanthurus achilles* machen konnte, ist jene, daß diese Art putzmunter zwischen Steinkorallen umherschwimmt. Trotz dieser Anmerkung möchte ich nochmals betonen, daß *Acanthurus achilles* der wohl Empfindlichste seiner Gattung

ist. Er sollte dort bleiben, wo er herkommt – im Meer. Zu groß sind die Verluste die nötig sind, um ein Exemplar dieser Art im Aquarium am Leben zu erhalten!

Ebenfalls für eine Pflege im Riffaquarium ungeeignet ist *Acanthurus sohal*. Dieser Fisch vergreift sich sehr gerne an diversen Weichkorallen. Dabei werden einzelne Triebe herausgerissen, ohne daß sie anschließend verzehrt würden. Außerdem ist diese Art von der zu erwartenden Größe her ungeeignet. Auch ist er ausgesprochen aggressiv. Interessant dabei ist auch, daß der Bäumchenfisch *Novaculichthys taeniourus* auf Dauer nicht mit *Acanthurus sohal* vergesellschaftet werden kann. Eine Erklärung gibt es dafür bislang nicht.

Einige Arten aus der Gattung *Acanthurus* eignen sich für eine Pflege in größeren, vor allem langgezogenen Riffaquarien ab etwa 700 Litern Inhalt. Dazu zählen die Arten *Acanthurus pyroferus, A. olivaceus* oder *A. tennenti.* Zu warnen ist vor einer Pflege von *Acanthurus triostegus,* da sich hier die Berichte häufen, daß die Art vor allem in der Akklimatisierungsphase heikel ist. Die Tiere verweigern die Nahrung und sind zum Hungertod verurteilt.

Die drei anderen genannten Arten lassen sich problemlos zu mehreren vergesellschaften. Dies ist vor allem dann erfolgreich, wenn die einzelnen Mitglieder einer Art unterschiedlich groß sind und gleichzeitig ins Aquarium eingesetzt werden. Die Auswahl eines Paares ist bei Doktorfischen nicht möglich, da geschlechtsspezifische äußere Merkmale nicht ausgebildet sind. Ein Geschlechtswechsel konnte bislang ebenfalls nicht eindeutig festgestellt werden – auszuschließen ist er aber nicht.

Interessant ist bei *Acanthurus olivaceus* und *Acanthurus pyroferus,* daß sie in ihrer Entwicklung zum adulten Fisch unterschiedliche Farbstadien durchlaufen.

Etwas ganz besonderes stellt Acanthurus pyroferus *da. Er kommt in drei verschiedenen juvenilen Farbvarianten vor, die allesamt Zwergkaiserfische imitieren. So ist es unproblematisch mehrere Exemplare dieser Art mit unterschiedlicher Färbung gemeinsam zu pflegen. Die Adultfärbung ist auf der gegenüberliegenden Seite abgebildet.*

Die Ernährung der meisten Acanthuriden ist einfach. Wichtig ist vor allem eine ausreichende Grünkost, da sich diese Fische in der Natur vegetarisch ernähren. Der Verdauungstrakt ist für eine pflanzliche Kost ausgelegt, was bedeutet, daß der Darm recht lang ist, um die nur schwer verdaulichen Pflanzen mikrobiell aufzuschließen. Viele Doktorfische nehmen, gleich Hühnern, zusätzlich kleine Steinchen auf, um mit deren Hilfe die Grünkost schon im Magen zu zerkleinern. Einige Wissenschaftler haben deshalb die Doktorfische nach dem Kriterium dick- und dünnwandiger Mägen eingeteilt. Prinzipiell gilt aber, daß bei der Pflege von Doktorfischen grundsätzlich feiner Bodengrund verwendet werden soll, damit den Ansprüchen der Fische entsprochen werden kann. So sollten regelmäßig Spinat und verschiedene, weichblättrige Salate auf dem Speiseplan stehen. Damit die dargereichten Grünfuttersorten gut von den Doktorfischen verdaut werden können, empfiehlt es sich, diese vorher zu blanchieren. Abgesehen von den genannten Pflanzenarten können weitere zur Speiseplanerweiterung eingesetzt werden. Prof. THALER beispielsweise ernährt ihre Doktorfische zusätzlich mit kleingehacktem Löwenzahn. Neben der ausgiebigen Grünkost weiden die Fische sehr gerne den Aufwuchs von Steinen und den Aquarienscheiben ab. Diese Ernährung

Ebenfalls gut für das Riffaquarium geeignet ist Zebrasoma scopas, *der hier sogar schon abgelaicht hat. Foto: Y. Tavernier*

reicht im Aquarium aber nicht aus, und so ist es wichtig, daß eine reichhaltige, tägliche Fütterung mit den im Handel erhältlichen Frostfuttersorten erfolgt.

Die wohl beliebtesten Doktorfische stammen aus der Gattung *Zebrasoma,* die im deutschen treffend Segelflosser genannt werden. Und wahrlich, wenn diese Fische Rücken- und Afterflosse abspreizen gleichen sie einem riesigen Segel. Der populärste dieser Gattung ist der Gelbe Segelseebader *Zebrasoma flavescens.* Gern wird er in Steinkorallenaquarien eingesetzt, da er ein emsiger Fresser von pflanzlichem Aufwuchs ist. Vielfach bleibt ihm auch gar nichts anderes übrig, um zumindest teilweise den nötigen Nahrungsbedarf zu decken. Aus Furcht vor sich verschlechternden Wasserwerten werden Fische auf einer Art Reduktionskost gehalten, die diese langsam dem Hungertod näher bringt. Auch in einem Steinkorallenaquarium müssen Fische ausreichend mit Nahrung versorgt werden. Wer dazu nicht bereit ist, muß auf eine Pflege von Fischen verzichten. Die meisten Arten aus der Gattung *Zebrasoma* können zu mehreren gepflegt werden. So sollten schon beim Einsatz mehrere unterschiedlich große Individuen einer Art eingesetzt werden. Es bleibt ein unvergeßliches Bild, wenn in einem ausreichend großen Aquarium eine Gruppe von drei, vier oder mehr *Zebrasoma flavescens* das Aquarium durchstreift und die Steine abweidet.

Neben *Zebrasoma flavescens* sind auch die Arten *Zebrasoma gemmatum* und *Zebrasoma scopas* für die Pflege im Riffaquarium zu empfehlen. Letztgenannter hat im Aquarium von Prof. E. THALER bereits erfolgreich abgelaicht. Näheres dazu in meinem Buch „Erfolgreiche Nachzuchten im Meerwasseraquarium".

Die Pflege von *Zebrasoma xanthurum* ist prinzipiell nicht schwieriger als die der bisher genannten Arten. Aber unter ihnen finden sich Individualisten, die mitunter sehr streitsüchtig sind – auch gegenüber den Fischen anderer Familien. So konnte ich beispielsweise beobachten, daß ein *Zebrasoma xanthurum* vehement einen *Pomacanthus semicirculatus* attackierte. Ich mußte den Kaiserfisch aus dem Aquarium nehmen, sonst wäre er von dem Doktorfisch getötet worden!

Ist ein *Zebrasoma* aggressiv gestimmt, läßt sich dies sehr leicht an den stark wellenförmigen Bewegungen der Schwanzflosse erkennen.

Für Aquarien eher ungeeignet sind die Arten *Zebrasoma veliferum* und der sehr ähnlich aussehende *Zebrasoma desjardinii.* Beide Arten werden einfach zu groß!

Die beiden Farbvarianten von Ctenochaetus hawaiiensis: Während die Juvenilfärbung sehr ansprechend ist, wirkt die Altfärbung dagegen eher unscheinbar.

Zur Ernährung ist anzumerken, daß sie die gleichen Ansprüche haben, wie die Arten der Gattung *Acanthurus.*
Über Übergriffe auf Blumentiere, gleich welcher Art, habe ich bislang nichts gelesen.
Doktorfische ganz besonderer Art sind die Zugehörigen aus der Gattung *Ctenochaetus.*
Sie zeichnen sich durch ein ungewöhnlich geformtes Maul aus, dem wulstige Lippen eigen sind. Mit diesem Maul sind diese Arten in der Lage, ihre beweglichen, borstenartigen Zähne über einen algenbewachsenen Gegenstand zu stülpen, um diesen dann abzuraspeln. Durch die Form der Zähne ist es den Arten dieser Gattung nicht möglich, höher gewachsene Algen abzubeißen. Ein Umstand, den sich der Aquarianer im Aquarium zu nutze machen kann, wenn er durch verschiedene Rotalgen dem Riffausschnitt Farbe verleihen will. Rotalgen sind im allgemeinen eine Delikatesse für Doktorfische und werden schnell abgeweidet.
Die meisten Arten aus der Gattung *Ctenochaetus* fressen, wenn auch mit Einschränkung, Schmieralgen und Detritus, was sie nicht minder interessant für eine Pflege im Riffaquarium macht. Ebenso ist die Größe, die selten einmal mehr als 20 cm erreicht, ein Kriterium, was sie für Aquarien mit durchschnittlicher Literzahl attraktiv werden läßt. Sie sind gegen andere Aquarieninsassen friedfertig eingestellt. Eine Pflege zu mehreren ist möglich, wenn das Aquarium groß genug ist und die Fische beim gleichzeitigen Einsatz unterschiedliche Größe haben. Leider sind die Fische in der Akklimatisierungsphase sehr anfällig gegen Ektoparasiten und zu allem Überfluß magern sie bei einem derartigen Befall sehr schnell ab und verenden rasch.

Vielfach ist die eher bescheidene Färbung ein Grund, weshalb der Aquarianer sie gern übersieht. Man sollte sich bewußt machen, daß viele Arten dieser Gattung ein farblich attraktives Juvenilstadium durchleben, beispielsweise *Ctenochaetus hawaiiensis* oder *Ctenochaetus strigosus.* Im Alter erscheinen die gleichen Arten allerdings eher farblos. Trotz der spezialisierten Maulform lernen diese Doktorfische schnell Ersatznahrung aus dem Wasser zu fangen. Dies ist dringend nötig, denn die bereits angeführten Salate sind als Nahrung nur bedingt geeignet, da sie kaum abgebissen werden können. Mit ein wenig Übung reißen die Fische nach Eingewöhnung Stückchen aus den Blättern. Die letzte Doktorfischgattung, die hier behandelt werden muß, da sie häufig und regelmäßig angeboten wird, ist die Gattung *Paracanthurus. Die* einzige hier angesiedelte Art ist *Paracanthurus hepatus,* besser unter dem Namen Paletten-Doktorfisch bekannt. Er gehört zu jenen Vertretern seiner Familie, die sich problemlos zu mehreren vergesellschaften lassen. Eigentlich ist es ein Doktorfisch, der sich schnell und leicht an ein Leben im Aquarium gewöhnt. Leider reagiert dieser Fisch schnell auf Veränderungen des Milieus. Der Zusatz eines neuen Fischs, der wöchentliche Wasserwechsel oder starke pH-Wert Schwankungen reichen oftmals aus, um einen ektoparasitären Befall auszulösen. Hätte der Fisch nicht eine so robuste Natur, wäre er für das Leben im Aquarium sicherlich ungeeignet. Die Pflege im Riffaquarium ist nicht immer vorbehaltlos zu empfehlen. Häufig ist es so, daß der Paletten-Doktorfisch nach einiger Zeit der Pflege damit beginnt, diverse Blumentiere zu belästigen. Ob es sich dabei um eine Eigeninitiative handelt ist fraglich. Vielmehr scheint es so, daß der Fisch andere Aquarienbewohner

Der am häufigsten eingeführte Borstenzahn-Seebader ist Ctenochaetus strigosus. *Er ist einfach an den gelben Augenringen zu erkennen, die er allerdings mit zunehmendem Alter verliert.*

beobachtet und diese dann nachahmt. Im übrigen ist die Pflege dieser Art einfach, da sowohl das angesprochene Grünfutter, als auch das obligatorische Frostfutter eine willkommene Nahrung darstellt.

Das Wichtigste zusammengefaßt

- **Nur wenige Arten aus der Gattung *Acanthurus* eignen sich für eine Pflege im Riffaquarium. Gründe dafür sind: Empfindlich gegen Nesselgifte, die zu erwartende Endgröße, Aggressivität, Übergriffe auf Blumentiere.**
- **Besser geeignet sind die Arten aus der Gattung *Zebrasoma*; vor allem *Zebrasoma flavescens* wird viel und gerne gepflegt.**
- **Ebenfalls gut geeignet sind die Arten aus der Gattung *Ctenochaetus*, die durch die Form ihres Mauls und der Zähne allerdings keine Algen abbeißen können; sie sind in der Akklimatisierungsphase empfindlich und verenden rasch bei Unterernährung.**
- **Gern gepflegt wird der Paletten-Doktorfisch *Paracanthurus hepatus*, der auch zu mehreren gehalten werden kann; er reagiert jedoch auf sich verändernde Lebensbedingungen rasch mit Schleimhautproblemen; Übergriffe auf Blumentiere durch Nachahmung wurden beobachtet.**
- **Zum Wohlbefinden benötigen alle Doktorfische ausreichend Grünkost, da es sich bei diesen überwiegend um Herbivoren handelt. Außerdem ist eine reichhaltige und abwechslungsreiche Ernährung mit dem handelsüblichen Frostfutter vorzunehmen. Wichtig: Doktorfische sind nicht durch „das was im Aquarium wächst“ ausreichend zu versorgen!**
- **Feiner Bodengrund ist bei vielen Arten wichtig, da kleine Steinchen aufgenommen werden, um im Magen die pflanzliche Kost zu zermahlen, so daß sie besser verdaut werden kann.**
- **Doktorfische zählen nicht vorbehaltlos zu den Anfängerfischen.**

Der Juwelen-Felshüpfer Salarias fasciatus.

Die Familie Blenniidae (Schleimfische)

Ebenfalls den Algenfressern zugehörig, sind die vielen bodenlebenden Arten aus der Familie der Schleimfische, die allgemein der Unterfamilie Salariinae zugerechnet werden. Diese Fische tragen ihren Namen deshalb, weil sie statt Schuppen von einer dicken Schleimschicht umgeben sind, die sie unter anderem widerstandsfähiger gegen ektoparasitäre Befälle macht, als dies bei vielen anderen Fischen der Fall ist. Man nimmt heute sogar an, daß in dieser Schleimhaut viele Substanzen mit antibakterieller und fungizider Wirkung zu finden sind. Der Hauptgrund, eine dicke Schleimhaut zu tragen, liegt in der Minimierung des Verletzungsrisikos, da Schleimfische zwischen scharfkantigen Steinen und Korallenbruch leben. Mit Hilfe der dicken Schleimschicht können sie sich zwischen dem Gestein bewegen; hätten sie Schuppen würden sie ständig Gefahr laufen, mit diesen hängen zu bleiben.

Schleimfische lassen sich in drei Kategorien einteilen:

- Die bodenbewohnenden vornehmlich herbivor lebenden Arten.
- Die freischwimmenden friedfertigen Arten (diese werden der Unterfamilie Blenniinae zugeteilt. Beispielsweise Arten aus der Gattung *Meiacanthus*).
- Die räuberischen, ebenfalls freischwimmenden Arten, (beispielsweise aus der Gattung *Aspidontus*).

Den Zugehörigen der letztgenannten Kategorie ist ein unterständiges Maul eigen. Dies ist wichtig zu wissen, weil sich in der Gattung *Aspidontus* fast alle Arten durch Nachahmung des Verhaltens und der Färbung harmloser Fische tarnen. So wie der Putzerfisch-Imitator *Aspidontus taeniatus*. Dies ermöglicht ihnen, sich unbemerkt ihrem Opfer zu nähern, um ihm dann Stücke aus Haut und Flossen zu beißen. Einige Arten attackieren sogar die Augen anderer Fische.

Zu den bodenbewohnenden Algenfressern zählt Salarias fasciatus. *Sie tragen den Namen Felsenspringer deshalb, weil sie auch außerhalb des Wassers von Stein zu Stein springen können, um hier Aufwuchs zu weiden.*

Uns sollen hier die für die Aquaristik geeigneten Arten interessieren. Allen voran die bodenbewohnenden, algenweidenden Arten. Die bekanntesten Vertreter stammen aus der Gattung *Salarias* und *Atrosalarias.* Sie werden auch als Felsenspringer bezeichnet. Dies deshalb, weil die Fische in der Natur kurzzeitig das Wasser verlassen um von Stein zu Stein zu hüpfen, um dort den begehrten Aufwuchs abzuweiden. Im Aquarium ist das Verlassen des Wassers unerwünscht, landen die Fische doch unversehens auf dem Zimmerboden. Um dies zu verhindern, muß das Aquarium lückenlos abgedeckt werden. Es gibt auch Aquarianer, die eine etwa 20 bis 30 cm hohe Umrandung an der Oberkante des Aquariums befestigen, um so den Schleimfisch abzufangen.

Im Aquarium befreien Schleimfische Dekoration und Aquarienscheiben von Aufwuchs, sofern dieser kurz genug ist. Fadenalgen beispielsweise werden nicht gefressen. Das Gebiß der Schleimfische ist auf die Funktion des Raspelns ausgerichtet und nicht auf das Beißen oder Abreißen. Sehr schön lassen sich die Raspelspuren auf den mit einem feinen grünen Rasen überzogenen Aquarienscheiben erkennen. Auf Grund ihrer Ernährungsbedürfnisse, werden Schleimfische gern für die Pflege im Riffaquarium angesiedelt. Trotzdem sollte der Kauf wohl überlegt sein. Langjährige Erfahrungen in der Pflege haben gezeigt, daß die dicke Schleimhaut in vielen Fällen eine Aufkalkung des Wassers mit Calciumhydroxid nicht verträgt. Weiterhin sind viele Schleimfische sehr zänkisch und können Fische die dem Nahrungserwerb nachgehen recht unangenehm zu Leibe rücken. Außerdem wird immer wieder berichtet, daß sich Schleimfische an Blumentieren vergreifen. Daß dies eine Verzweiflungstat mangels ausreichender Ernährung sein könnten, kann nicht ausgeschlossen werden. Schleimfische lernen im Aquarium schnell Ersatznahrung aufzunehmen und diese aus dem freien Wasser zu fischen. Die alleinige Ernährung durch Aufwuchs ist im Riffaquarium in der Regel nicht möglich.

Wie bereits erwähnt, ist die Vergesellschaftung mehrerer bodenbewohnender Schleimfische gleicher oder verschiedener Arten schwierig oder gar unmöglich. Bei einigen Arten finden sich Geschlechtsunterschiede, die es erlauben, eine paarweise Vergesellschaftung vorzunehmen. So sind bei den Männchen von *Salarias fasciatus* beispielsweise die ersten drei Strahlen der Afterflosse verlängert. Bei *Ecsenius bicolor* tragen die Männchen ausgezogene Schwanzflossen. Vorsicht

Männchen von Ecsenius bicolor *tragen ausgezogene Schwanzflossen. Einige verfärben sich im Alter gänzlich schwarz. Foto: Y. Tavernier*

bei Geschlechtsmerkmalen die auf ausgezogenen Schwanz- und Rückenflossen basieren. Während des Transports können diese als Fähnchen bezeichneten Flossenverlängerungen abbrechen. Ein erworbenes, vermeintliches Weibchen entwickelt sich so unerwartet zu einem Männchen. Die Vergesellschaftung zweier Männchen ist zumindest bei Schleimfischen dauerhaft schwierig! Anders ist dies bei den freischwimmenden Arten aus der Gattung *Meiacanthus.* Hier finden sich einige Arten, die sich sowohl im Riff, wie auch im Aquarium in einer Gruppe vergesellschaften lassen. Dazu gehören *Meiacanthus mossambicus, Meiacanthus nigrolineatus* oder *Meiacanthus ovalauensis.* Eine paarweise Lebensform hingegen führen *Meiacanthus grammistes* als auch *Meiacanthus atrodorsalis.*

Die Zugehörigen der Gattung *Meiacanthus* werden im deutschen als Säbelzahnschleimfische bezeichnet. Dies nicht zu unrecht! Die Eckzähne dieser Fische sind stark verlängert und erinnern so an die markanten Eckzähne des urzeitlichen Säbelzahntigers. Im Gegensatz zu diesem sind die verlängerten Eckzähne mit Giftdrüsen versehen, die bei einem Biß das Gift in die Wunde injizieren und beim Menschen unangenehme Schwellungen und Schmerzen verursachen können. Ein potentieller Freßfeind wird sich nach der Bekanntschaft mit einem Säbelzahnschleimfisch, nie wieder an einem Fisch mit einer derartigen Färbung vergreifen. Ein Umstand, den harmlose Fische nutzen in dem sie die Färbung der Säbelzahnschleimfische nachahmen. Gern machen dies Arten aus der Gattung *Ecsenius.*

Säbelzahnschleimfische tragen ihren Namen, weil ihre Eckzähne stark verlängert sind. Dies gilt auch für Meiacanthus nigrolineatus.

Im Gegensatz zu den bodenbewohnenden Verwandten ernähren sich Meiacanthiden von planktischen Organismen. Im Aquarium stellt die Ernährung deshalb selten ein Problem dar, wenn die dargereichten Nahrungspartikel nur klein genug sind. So bieten sich Fischeier, *Cyclops*, Salinenkrebse, Mysis und diverse Mückenlarven als Futter geradezu an. Trotzdem magern viele Meiacanthiden im Laufe der Pflege ohne erkennbaren Grund ab und verenden letztendlich. Eine Eigenheit dieser Fische besteht darin, daß sie sich gern in die Ecken zurückziehen, die durch die Klebenaht der Querverstrebung des Aquariums mit der Seitenscheibe gebildet werden. Hier „kleben“ sie regelrecht in der Ecke um dort zu verweilen. Daß alle Schleimfische zahlreiche Unterschlüpfe und Höhlen benötigen versteht sich von selbst und ein der Natur nachempfundenes Riffaquarium kommt diesem Anspruch entgegen.

Das Wichtigste zusammengefaßt

- **Innerhalb der Gruppe der Schleimfische finden sich bodenbewohnende und freischwimmende Arten; leider auch räuberisch lebende, die aber leicht am unterständigen Maul zu erkennen sind.**
- **Bodenbewohnende Schleimfische ernähren sich von pflanzlichem Aufwuchs, der abgeraspelt wird.**
- **Einige unter ihnen vergreifen sich an Blumentieren.**
- **Im Aquarium lernen die Fische das dargereichte Ersatzfutter aufzunehmen.**
- **Bodenbewohnende Schleimfische sind recht streitsüchtig, so daß es sinnvoll ist nur eine Art paarweise zu pflegen.**
- **Der schuppenlose Körper aller Schleimfische reagiert vielfach empfindlich auf das Aufkalken mit Calciumhydroxid.**
- **Zu den freischwimmenden Schleimfischen zählen die Säbelzahnschleimfische aus der Gattung *Meiacanthus*; ihre stark verlängerten Eckzähne tragen Giftdrüsen, die bei einem Biß schmerzhafte Verletzungen verursachen.**
- **Meiacanthiden machen mitunter Probleme in der Akklimatisierungsphase, da sie trotz Nahrungsaufnahme abmagern.**
- **Während bodenbewohnende Schleimfische für den Anfänger geeignet sind, sollten die Säbelzahnschleimfische dem erfahrenen Liebhaber vorbehalten bleiben.**

Langschnäuziger Büschelbarsch, Oxycirrhites typus. *Foto: Y. Tavernier*

Die Familie Cirrhitidae (Büschelbarsche)

Innerhalb der Familie der Büschelbarsche, Korallenklimmer oder Korallenwächter finden sich für die Riffaquaristik eine Reihe interessanter und robuster Arten. Der wissenschaftliche Name rührt von den büschelartigen Fortsätzen her, die an den Enden der Strahlen der Rückenflosse und oberhalb des Mauls auswachsen. Sie werden als Cirrhi (fadenartig) bezeichnet.

Aus diesem Merkmal heraus leitet sich der deutsche Name Büschelbarsch ab. Die Namen Korallenwächter oder Korallenklimmer beziehen sich auf das Verhalten der Fische. Ohne Schwimmblase sind die Arten dieser Familie darauf angewiesen, immer wieder eine sitzende Position einzunehmen. Um den Überblick zu behalten, werden erhöhte Standorte innerhalb des Reviers bevorzugt. Zu diesem Zweck werden die unterschiedlichsten Korallen als Ansitz genutzt.

Der aufsitzenden Lebensweise angepaßt sind die fünf bis neun freistehenden Strahlen der Brustflossen, die am Ende mit kleinen Stacheln besetzt sind. Sie garantieren einen sicheren Halt. Korallenwächter sind Lauerjäger. Sie können stundenlang auf ihrem Hochsitz ausharren, um dann blitzschnell zuzustoßen. Dieses Verhalten brachte ihnen den englischen Namen Hawkfish ein, was übersetzt soviel wie Falkenbarsch bedeutet. Ich kenne kaum eine Fischfamilie, die so viele verschiedene aber zutreffende Trivialnamen beansprucht.

Das Verhalten als Beutegreifer führt dazu, daß Korallenklimmer auch im Aquarium auf kleinere Fische und wehrlose Garnelen Jagd machen. So sind viele kleinbleibende Grundeln beispielsweise aus der Gattung *Gobi-*

odon ebenso gefährdet, wie Garnelen aus der Gattung *Lysmata.* Korallenwächter haben einen unerschöpflichen Appetit, so daß sie bereitwillig an die verabreichte Nahrung gehen.
Vor einigen Jahren noch war über das Sozialverhalten der Falkenbarsche wenig bekannt. Heute weiß der Interessierte, daß Büschelbarsche in einer Art Harem zusammenleben. Einem Männchen sind zwei bis drei Weibchen untergeordnet. Inzwischen gelang es Wissenschaftlern den Geschlechtswechsel nachzuweisen. Demnach bildet sich aus zwei unterschiedlich großen, jungen und noch nicht geschlechtsreifen Korallenwächtern einer Art ein Paar. Aus einem Weibchen kann also unter bestimmten Voraussetzungen ein Männchen werden. Der Geschlechtswechsel ist nicht umkehrbar. Die Wissenschaft spricht in einem solchen Fall von einem protogynen Hermaphroditismus.
Bekanntester Vertreter ist der langschnäuzige Büschelbarsch *Oxycirrhites typus.* Der Aquarianer darf sich von seinem verlängerten, röhrenförmigen Maul nicht täuschen lassen, denn auch dieser Korallenklimmer ist in der Lage, auf oben genannte Aquarienbewohner erfolgreich Jagd zu machen.
Abgesehen von der Jagdfreude dieser Fische, kann es gelegentlich bei Neueinsätzen zu Problemen kommen, wenn sich diese ins Revier der Falkenbarsche verirren. Als besonders ruppig hat sich hier *Cirrhitichthys oxycephalus* präsentiert.
Bei empfindlichen Blumentieren kann das fortwährende Aufsitzen zu Problemen führen. Derart belästigte Korallen öffnen sich nicht mehr richtig und können sogar absterben.
Trotz diesen Einschränkungen finden sich in der Familie der Büschelbarsche interessante Vertreter, die dem Anfänger empfohlen werden können. An dieser Stelle möchte ich dem Einsteiger unbedingt den rotfarbenen Feuer-Büschelbarsch *Neocirrhitus armatus* ans Herz legen. Vorsicht! Diese Art springt vor allem während der Eiablage aus dem Aquarium, weshalb die bereits erörterten Vorsichtsmaßnahmen getroffen werden müssen.

Farbenprächtig und kleinbleibend präsentiert sich der Feuerkorallenwächter Neocirrhitus armatus.

Das Wichtigste zusammengefaßt

- Büschelbarsche sind robuste Fische, die sich gut an ein Leben im Aquarium gewöhnen.
- Es handelt sich um Lauerjäger, die sich mangels Schwimmblase auf einen erhöhten Standort innerhalb ihres Reviers postieren.
- Eine Vergesellschaftung mit Garnelen aus der Gattung *Lysmata* oder kleinbleibenden Fischen ist zu vermeiden, da diese als Futter angesehen und gejagt werden.
- Eine Pflege mehrerer Exemplare aus einer Art ist unproblematisch, da die Fische in der Natur die Haremsstruktur bevorzugen und ein Geschlechtswechsel von Weibchen zu Männchen nachgewiesen wurde.
- Empfindliche Blumentiere können durch das Aufsitzen in Mitleidenschaft gezogen werden.
- Gelegentlich springen Korallenwächter aus dem Wasser, so daß für einen solchen Fall Vorsorge getroffen werden muß.
- Alles in allem finden sich in den Korallenwächtern Fische, die dem Anfänger empfohlen werden können.

Paracirrhites forsteri *wird nur gelegentlich eingeführt. Der bis zu 25 cm lange Büschelbarsch gehört zu den größeren seiner Familie. Foto: Y. Tavernier*

Die Familie Gobiidae (Grundeln)

Zu den interessanten Pfleglingen zählen die Grundeln. In vieler Hinsicht ähneln die Grundeln im Körperbau den Schleimfischen. Im Gegensatz zu diesen ist ihre Rückenflosse jedoch stets zweigeteilt. Alle Grundeln fühlen sich zum Bodengrund hingezogen. Hier leben sie in Nischen und Spalten oder zwischen den Ästen diverser Korallen. Einige unter ihnen bauen ihren Unterschlupf selbst.
An ein Leben auf dem Bodengrund angepaßt, ist die Schwimmblase vieler Grundeln stark verkleinert oder fehlt völlig. Um sich auf dem Substrat niederlassen zu können, sind ihre Bauchflossen zu einer Art Saugfuß umgebildet, mit dem sie sich auf dem Untergrund anhaften. Grundeln lassen sich auf Grund ihrer Lebensweise in zwei Kategorien aufteilen.

1. Die bodenbewohnenden Grundeln.

Ihnen sind Arten zugeordnet, die stark territorial gebunden leben. Bodenbewohnende Grundeln leben vielfach in Höhlen die sie selbst graben. Deshalb ist es wichtig, daß diese Grundeln im Aquarium feinen Sand vorfinden, den sie unter Steinen mit Hilfe des Mauls herausschaufeln, um dann dort ihr Heim einrichten zu können. Einige Grundeln, beispielsweise aus der Gattung *Amblyeleotris* leben mit einem Krebs aus der Gattung *Alpheus* in einer Gemeinschaft zusammen. Während der fast blinde Krebs dafür sorgt, daß die Höhle, die von Krebs- und Grundelpaar gemeinsam bewohnt wird, in einwandfreiem Zustand bleibt, hält die Grundel nach Feinden Ausschau. Wenn diese einen Räuber entdeckt, verschwindet sie, und mit ihr der Krebs, blitzschnell in der Höhle. Damit auch der Krebs rechtzeitig alarmiert wird, hält dieser mit seinen Antennen ständigen Körperkontakt zur Grundel.
Nicht alle Grundeln ohne Schwimmblase leben auf dem Boden. Einige unter ihnen – vornehmlich die kleinen

Randalls Grundel Amblyeleotris randalli. *Foto: Y. Tavernier*

Zu den bekanntesten bodenbewohnenden Grundeln, gehört Cryptocentrus cinctus.

Arten wie beispielsweise aus der Gattung *Gobiodon,* leben auf oder zwischen Korallen. Bevorzugt werden dabei Steinkorallen. Im Aquarium werden alle Korallen als Lebensraum akzeptiert. Die Lebensweise in dem Geäst der Korallen sorgt dafür, daß die Grundel vor Angreifern geschützt ist. Bedingt durch ihre geringe Größe würden sie auf dem Bodengrund ihren Angreifer zu spät erkennen und somit schnell gefressen werden. Dem Leben in Korallen angepaßt, kommt es bei diesen Gobiiden immer wieder vor, daß sie einige Äste der Steinkorallen von Gewebe befreien, um dort ihre Eier abzulegen. Im Aquarium ist dies nicht anders und so kommt es nicht selten vor, daß sich Steinkorallenliebhaber entsetzt über dieses Verhalten zeigen. Hier sei darauf hingewiesen, daß Arten aus der Gattung *Gobiodon* bei Steinkorallen durchaus Schaden anrichten können.

Wer nun meint, vor allem die kleinen Grundeln ließen sich zu mehreren vergesellschaften, der irrt! Alle bodenbewohnenden Grundeln sind aggressiv und dulden keinen gleichgeschlechtlichen Artgenossen. Lediglich ein fortpflanzungsfähiges Paar besiedelt ein Revier. So mußte ich bei *Gobiodon okinawae* feststellen, daß ein 800 Liter fassendes Aquarium nicht ausreicht, um mehr als vier Exemplare dieser Art miteinander zu vergesellschaften. Ursprünglich waren zehn Individuen eingesetzt worden.

Noch extremer ist dieses Verhältnis bei Grundeln, die größere Körperlängen erreichen. Hier sollte sich der Riffaquarianer auf die Pflege von zwei kleinen Exemplaren beschränken – verbunden mit der Hoffnung, ein Paar erworben zu haben. Dies erreicht der Aquarianer am ehesten dadurch, daß er schon beim Händler Grundeln erwirbt, die sich im Hälterungsaqua-

gen, was das fischspezifische Kühlregal bietet und mundgerechter Größe ist.
Einige unter ihnen haben sich darauf spezialisiert, andere Flossenträger von Parasiten zu befreien. Ein Verhalten, das sie mit den Putzerfischen gemeinsam haben. Die bekanntesten Vertreter der Putzgrundeln stammen aus der Gattung *Gobiosoma*.

Korallengrundeln sind kleinbleibend. Leider nagen sie unter Umständen das Gewebe von Steinkorallen ab.

Gobiodon okinawae

2. Die freischwimmenden Grundeln

Diese, noch mit einer Schwimmblase ausgestatteten Gobiiden, haben ähnliche Lebensweisen wie ihre bodenbewohnenden Verwandten. Obwohl

Gobiosoma-*Arten zählen zu den Putzgrundeln und bieten Alternativen zu Putzerfischen.*

rium vertragen. Die Vergesellschaftung von Gobiiden unterschiedlicher Arten führt mitunter zu aggressiven Auseinandersetzungen, weshalb der Aquarianer gut beraten ist, wenn lediglich eine Grundelart im Aquarium angesiedelt wird.
Bodenbewohnende Grundeln verbringen einen großen Teil ihrer Zeit vor der Öffnung ihrer Behausung, wo sie kleinem vorbei driftenden Zooplankton auflauern. Im Aquarium lassen sich Grundeln mit allem versor-

Ambylgobius rainfordi

Zwei typische Vetreter aus der Gruppe der freischwimmenden Grundeln stellen die hier abgebildeten Arten dar: Ambylgobius bynoenesis *und* Amblygobius rainfordi *fressen Fadenalgen.*

des Schwimmens mächtig, bleiben sie stets in der Nähe des Untergrunds und ihrer Behausung, um bei Gefahr blitzschnell in diese verschwinden zu können. Auch unter den freischwimmenden Grundeln sind ausschließlich territorial lebende Arten anzutreffen, die nur paarweise gepflegt werden können. Bei einigen Arten werden deshalb vom versierten Fachhandel ausschließlich Paare angeboten.

Bekannteste Vertreter stammen aus der Gattung *Amblygobius* und *Valenciennea.* Einer Vielzahl freischwimmender Grundeln ist eine besondere Form des Nahrungserwerbs eigen. Um an Freßbares zu gelangen, nehmen sie, einem Schaufelbagger gleich, eine Ladung Sand in das Maul und durchsieben diesen nach Futter. Der durchgearbeitete Sand wird über die Kiemenöffnung wieder ausgeschieden.

Ambylgobius bynoensis

Daneben fressen einige Arten Algen. Vor allem Exemplare aus der Gattung *Amblygobius* werden immer häufiger gegen Fadenalgen eingesetzt. Ich selbst konnte dieses Freßverhalten bei *Amblygobius rainfordi* und *Amblygobius bynoensis* beobachten.

Dringend abraten muß ich von der Pflege der attraktiven Krabbenaugen-Grundel *Signigobius ocellatus.* Es scheint sich hier um einen Nahrungsspezialisten zu handeln, der nur kurzfristig im Aquarium überlebt.

Eine andere Gattung von Grundeln wird in letzter Zeit immer häufiger eingeführt. Es handelt sich dabei um Arten die der Gattung *Stonogobiops* zugerechnet werden.

Bei allen Grundeln tut der Aquarianer gut daran sein Aquarium lückenlos abzudecken oder mit einer so hohen Einfriedung entlang des oberen Aquarienabschlußes zu versehen, daß die Grundeln das Behältnis nicht mehr durch einen Sprung verlassen können.

Wenn freischwimmende Grundeln beim Kauf noch nicht allzu stark abgemagert sind, so daß die Bauchregion eingefallen ist – der Grundelkörper gleicht einer Sichel – lassen sie sich mit einigem Aufwand an ein Leben im Aquarium adaptieren. Probleme mit der längerfristigen Pflege gibt es hin und wieder mit Arten aus der Gattung *Valenciennea.* Obwohl die Fische ausreichend fressen, magern sie immer weiter ab und verenden letztendlich an den Folgen der Unterernährung. Ein Phänomen, daß sich keiner so recht erklären kann – außer die Fische wurden mit Cyanid gefangen oder sind total verwurmt.

Valenciennea strigata *hält durch ihre Grabaktivitäten den Bodengrund sauber.*

Vor einigen Jahren noch wurden auch die Grundeln aus der Gattung Nemateleotris *der Familie Gobiidae zugerechnet. Da aber doch gravierende morphologische Unterschiede bestehen, wurde eine neue Familie geschaffen. Die Familie der Pfeilgrundeln Microdesmidae.* Nematelotris decora *zählt zu den schönsten ihrer Familie.*

Während die bodenbewohnenden Grundeln schnell die Ersatznahrung akzeptieren, ist dies bei einer Reihe von freischwimmenden Grundeln, die eine spezialisierte Nahrungsaufnahme betreiben, ein langwieriger Prozeß. Der Grund ist darin zu finden, daß die Gobiiden erst lernen müssen, das Futter aus dem freien Wasser zu schnappen. Deshalb empfiehlt es sich, zwischenzeitlich einige Futterbrocken in den Bodengrund vor der Höhle der Grundeln zu vergraben, damit sie die Nahrung in der ihnen gewohnten Weise aufnehmen können.

Bleibt abschließend noch darauf hinzuweisen, daß es sich immer lohnt Grundeln einzusetzen, die unermüdlich den Bodengrund nach Freßbarem durcharbeiten. Zuerst gleicht das Aquarium eher einer Nebellandschaft als einem Riffausschnitt. Haben die Grundeln aber erst einmal einen Teil des Bodengrunds gereinigt, kann der Aquarianer gewiß sein, daß zumindest im Bodengrund keine Fäulnisherde mehr entstehen. Es muß aber darauf hingewiesen werden, daß manche Blumentiere – vor allem Steinkorallen – den von der Grundel verursachten Sedimentauftrag nicht mögen und verenden.

Einige Grundeln, die früher in der Familie Gobiidae geführt wurden, sind mittlerweile in einer eigenen Familie zusammengefaßt. Es handelt sich um freischwimmende Grundeln aus der Familie Microdesmidae, die im deut-

schen als Pfeilgrundeln bezeichnet werden. Hierzu gehören die attraktiven Grundeln aus der Gattung *Nemateleotris* ebenso, wie jene aus der Gattung *Ptereleotris*.

Die Neuordnung erfolgte auf Grund morphologischer Unterschiede. Im Verhalten unterscheiden sich die Pfeilgrundeln unter anderem dadurch, daß es sich um „wirklich" freischwimmende Arten handelt, die im Wasser Plankton jagen. Im Gegensatz zu ihren freischwimmenden Vettern aus der Familie Gobiidae nehmen Pfeilgrundeln schnell und bereitwillig Ersatznahrung in mundgerechter Größe an. Ansonsten ist ihre Pflege ähnlich den freischwimmenden Gobiiden, so daß eine separate Beschreibung hier nicht näher erfolgt.

Das Wichtigste zusammengefaßt

- **Grundeln der Familie Gobiidae können in bodenbewohnende und freischwimmende Arten unterteilt werden.**
- **Beinahe alle Grundeln sind streng territorial lebend und dulden keinen gleichgeschlechtlichen Artgenossen.**
- **Grundeln benötigen zum Wohlbefinden Nischen, Spalten und feinen Sand in den sie Höhlen graben können.**
- **Die überwiegende Zahl aller bodenbewohnenden Grundeln ist leicht im Aquarium zu pflegen, was man von den freischwimmenden Grundeln leider nicht grundsätzlich sagen kann.**
- **Unter den freischwimmenden Grundeln finden sich Arten, die Fadenalgen fressen.**
- **Während ich die bodenbewohnenden Arten dem Anfänger empfehlen kann, möchte ich dies für die freischwimmenden Arten dieser Familie nicht machen.**
- **Eine eigene Familie stellen die Pfeilgrundeln Microdesmidae dar, die früher der Familie Gobiidae zugerechnet wurden.**
- **Diese Grundeln stehen im freien Wasser und schießen pfeilschnell in ihren Unterschlupf; für sie gilt in der Pflege ähnliches wie für die freischwimmenden Grundeln; allerdings ist ihre Umstellung auf Ersatznahrung im Aquarium weitestgehend unproblematisch.**
- **Pfeilgrundeln der Familie Microdesmidae sind dem Anfänger zu empfehlen.**

Die Familie Labridae (Lippfische)

Eine faszinierende Familie sind die Lippfische. Sie zeichnen sich durch eine wellenförmige Schwimmweise aus, die durch die alleinige Fortbewegung mit den Brustflossen zustande kommt (dabei werden die Brustflossen nach hinten geschlagen). Der kräftige Schwanz dient der Steuerung und wird nur zur Flucht als zusätzliches Fortbewegungsmittel eingesetzt. Die überwiegende Zahl aller Lippfische fällt durch ihren torpedoförmigen Körperbau auf. Nur wenige haben einen eher bullig wirkenden Thorax. Alle Lippfische suchen nachts einen Unterschlupf auf. Dieser kann im Sand oder zwischen der Dekoration sein. Um nicht durch ihren Körpergeruch von nächtlich aktiven Freßfeinden aufgespürt zu werden, umgeben sich Lippfische mit einer dicken Schleimschicht.

Die überwiegende Zahl aller Lippfische läßt sich gut an ein Leben im Aquarium gewöhnen. Eine Ausnahme bilden die Arten aus der Gattung *Labropsis*. Sie sind ausnahmslos Nahrungsspezialisten, die sich auf den Verzehr diverser Steinkorallen spezialisiert haben.

Gelbbrust-Perllippfisch, Anampses twisti

Folgende Gattungen sind gut für das Riffaquarium geeignet:

Anampses
Cirrhilabrus
Pseudocheilinus
Paracheilinus
Halichoeres
(wenn auch mit Einschränkung)
Pseudojuloides
Macropharyngodon
(mit Einschränkung)

Pseudocheilinus evanidus

Cirrhilabrus jordani

Paracheilinus filamentosus

Macropharyngodon bipartitus

Macropharyngodon geoffroyi

Diese Seite präsentiert Lippfische aus den Gattungen Macropharyngodon, Cirrhilabrus, Paracheilinus *und* Pseudocheilinus *die gut für ein Riffaquarium geeignet sind. Es sind ruhige Vertreter ihrer Familie und sie harmonieren gut mit Blumentieren. Leider sind sie recht schreckhaft, was schnell zu Sprüngen aus dem Aquarium führen kann.*

Foto Mitte: Y. Tavernier

Trotz des reichhaltigen Angebots an Lippfischen, möchte ich nur wenige Arten für ein Riffaquarium empfehlen. Dies hängt damit zusammen, daß beispielsweise Arten aus den Gattungen *Coris, Thalassoma* oder *Gomphosus* groß werden. Es handelt sich ausnahmslos um flinke, schnelle und wendige Schwimmer, die langgestreckte Aquarien zum Wohlbefinden benötigen. Viele unter ihnen sind Laichräuber. Sie fressen Schnecken, Einsiedlerkrebse, Röhrenwürmer oder wehrlose Putzergarnelen. Die großen Futtermengen, die solche Lippfische benötigen, erschweren die Aufrechterhaltung einer guten Wasserqualität. Der Aquarianer ist gut beraten, sich zunächst einmal zu vergewissern, wie groß die von ihm gewünschten Lippfische werden können.

Etwas größer wird Pseudojuloides cerasinus, *weshalb dieser wendige Schwimmer erst für größere Aquarien interessant ist. Hier ist die männliche Färbung zu sehen.*

Viele Labriden durchwandern in ihrer Entwicklung zu einem adulten Tier mehrere Farbstadien. Dies trifft auch auf die Geschlechter zu, die außerdem noch so unterschiedlich gefärbt sind, daß ihnen eigene Namen gegeben wurden. Vornehmlich Aquarienbeobachtungen demonstrierten, wie aus einer vermeintlich anderen Art plötzlich die gleiche wurde bzw. genau umgekehrt.

Ein Beispiel hierfür stellvertretend ist *Macropharyngodon bipartitus,* dessen männliche Farbvariante lange als *Macropharyngodon cyanoguttatus* geführt wurde.

Noch mehr Verwirrung stiftet die Gattung *Cirrhilabrus.* Auch hier finden sich unterschiedlich gefärbte Geschlechter. Bei dieser Gattung kann man sicherlich noch einige unbekannte Arten entdecken. Erst kürzlich wurde ein „neuer" Lippfisch entdeckt, der, wie sich herausstellen sollte, bereits 1853 durch Bleeker benannt wurde. Aller Wahrscheinlichkeit nach handelte es sich dabei um Männchen der Art *Cirrhilabrus solorensis.*

Interessanter Weise stimmten die Zuordnungen der Weibchen ebenso wenig. Daß es sich bei den farbenprächtigen Tieren tatsächlich um Männchen handelt, konnte Prof. RANDALL durch die Untersuchung dreier fixierter Tiere

belegen, die ich ihm zugeschickt hatte. Dabei zeigte sich die Fixierung der Fische als verhätlnismäßig einfach.
Die tiefgefrorenen Fische werden in eine 10 %ige Formalinlösung (90 ml

ACHTUNG: Formaldehyd bzw. Formalin ist stark gesundheitsschädigend und krebserregend! Die Verwendung ist nur versiertem Fachpersonal gestattet.

destilliertes Wasser + 10 ml Formalin [Formaldehyd] 36%ig) gegeben, in der sie auftauen. Während des Auftauens dringt die Fixierlösung in das Gewebe. Fertig!
Es stellte sich heraus, daß die bislang als Männchen geführten Lippfische der Art *Cirrhilabrus cyanopleura* in Wirklichkeit die Weibchen von *Cirrhilabrus solorensis* sind.
Diesen Beweis konnte zweifelsfrei Prof. THALER führen, da sich das Weibchen in ihrem Aquarium zu dem „neuen" Männchen umfärbte.
Dieses, zugegebener Maßen verwirrende Beispiel zeigt, wie unvollkommen die Namensgebung der Lippfische derzeit ist. Es kann davon ausgegangen werden, daß in den nächsten Jahren weitere Überarbeitungen zu dieser Familie vorgenommen werden.
Die Pflege der genannten Gattungen im Riffaquarium ist einfach. Sie nehmen schnell die dargereichte Nahrung in Form des obligatorischen Frostfutters an. Es sind vorsichtige Schwimmer, die teilweise den Schutz der Dekoration dem freien Schwimmraum

vorziehen. Ausgenommen von diesem Verhalten sind Arten aus der Gattung *Anampses* und *Halichoeres.*
In ihrem natürlichen Habitat leben fast alle Lippfische in einer Haremsstruktur. Ein Sekundärmännchen (ranghöchstes Tier einer Gruppe) führt mehrere Weibchen und Primärmännchen. Die Primärmännchen tarnen sich in der Gruppe mit dem Farbkleid und teilweise auch mit dem Verhalten der Weibchen. Dadurch werden sie vom Gruppenleiter toleriert.
Alle Lippfische sind protogyne Hermaphroditen. So ist es möglich, mehrere Jungtiere einer Art im Riffaquarium anzusiedeln. Es dauert nicht lange und aus den weiblichen bzw. jungen Labriden entwickelt sich das dominante Tier zu einem Männchen. Geht die Geschlechtsumwandlung zügig

Verwirrung gab es zunächst um die Zugehörigkeit dieses Lippfischs. Es stellte sich heraus, daß es sich um ein Männchen von Cirrhilabrus solorensis *handelt.*

Juvenil- und Adultfärbung von Halichoeres iridis. *Die meisten Lippfische durchlaufen verschiedene Farbstadien in Ihrer Entwicklung.*

von statten, kann die phänotypische Farbveränderung mehrere Monate beanspruchen.

Lippfische erfüllen im Riffaquarium eine wichtige Funktion. Sorgen sie doch dafür, daß die Borstenwürmer auf einer akzeptablen Populationsdichte gehalten werden. Ein Übermaß an Borstenwümern kann dazu führen, daß diese sich, durch Futtermangel genötigt, an Blumentieren vergreifen. Obwohl Lippfische ausgesprochen robuste Tiere sind, fällt in letzter Zeit verstärkt auf, daß viele Lippfische ohne ersichtlichen Grund eingehen. Sie verweigern die Nahrung und magern schnell ab. Die Ursache liegt vielleicht in den derzeit praktizierten Fang- und Zwischenhälterungsmethoden.

Neben der Jugendfärbung finden sich oft auch Farbunterschiede zwischen Männchen und Weibchen. Bei Lippfischen ist beinahe alles möglich.

Wunderbar in der Färbung aber gänzlich ungeeignet für die Pflege im Aquarium ist Labroides pectoralis.

Bei der Pflege im Aquarium ist unbedingt darauf zu achten, daß das Aquarium „Sprungsicher" gemacht ist. Die meisten Lippfische verlieren ihr Leben auf dem Fußboden!

Obwohl faszinierend im Verhalten, muß ich dem Anfänger von der Pflege diverser Putzerfische abraten. Ausgenommen von dem Putzer-Lippfisch *Labroides dimidiatus* und dem Rotmeer-Putzerfisch *Larabicus quadrilineatus* sind alle anderen Putzerfische nicht für ein Leben im Aquarium geeignet!

Das Wichtigste zusammengefaßt

- **Viele Lippfische eignen sich für eine Pflege im Riffaquarium, vorausgesetzt, sie werden nicht zu groß.**
- **Viele unter ihnen lassen sich leicht mit dem obligatorischen Frostfutter zur Nahrungsaufnahme animieren. Gibt es hier Probleme, einmal Fischrogen versuchen.**
- **Männchen und Weibchen sind bei vielen Arten unterschiedlich gefärbt. Es ist deshalb unproblematisch einen kleinen Harem zusammenzustellen.**
- **Lippfische sind außerdem protogyne Hermaphroditen.**
- **Zum Wohlbefinden sind zahlreiche Verstecke nötig und feiner Sand in den sich einige Arten des nachts zurückziehen.**
- **Lippfische sind galante Springer, daher muß das Aquarium so gestaltet sein, daß ein Sprung des Labriden nicht auf dem Fußboden endet; die häufigste Todesursache eines Lippfischs in der Aquaristik.**
- **Beobachtungen lassen vermuten, daß Lippfische sehr empfindlich auf bestimmte Antibiotika reagieren.**
- **Lippfische aus den aufgelisteten Gattungen eignen sich für den Anfänger.**

Pseudocheilinus octotaenia *Foto: Y. Tavernier.*

Diese Ernährungsspezialisten nehmen die dargereichte Ersatznahrung nur unzureichend auf, was mittelfristig ihren Tod bedeutet.

Aber auch die beiden genannten Putzerfische sind nicht für den Anfänger geeignet. Ob eine Pflege im Riffaquarium sinnvoll ist, muß der Aquarianer für sich selbst entscheiden, denn Putzerfische belästigen gelegentlich Riesenmuscheln. Die Augen an den Mantellappenenden sind dabei immer wieder Ziel der Putzerfische.

Die Familie Plesiopidae (Rundköpfe, Mirakelbarsche)

Der bekannteste Rundkopf ist zweifelsohne der Mirakelbarsch *Calloplesiops altivelis*. Vor allem die interessante Zeichnung erweckt immer wieder Aufmerksamkeit. Die vielen weißen Punkte auf dem dunklen Körper bewirken, daß die Konturen des Fischs im halbschattigen Bereich schnell mit dem Hintergrund verschmelzen. Außer dem Scheinauge auf der Rückenflosse! Dieses tritt in Erscheinung, wenn der Mirakelbarsch seine Flossen aufstellt. Nicht nur, daß der Fisch durch das Stellen der Flossen mehr als das Doppelte an Körperumfang gewinnt, das Scheinauge trägt dazu bei, daß der irregeführte Beutegreifer den Schwanzbereich attackiert. So ist es dem Mirakelbarsch möglich, in ein sicheres Versteck zu flüchten. Der Augenfleck-Mirakelbarsch hat zudem eine besondere Form des Mimikry entwickelt. Seine Punkte sind so angelegt, daß sie im gespreizten Körperzustand im Schwanzbereich die Silhouette der Muräne *Gymnothorax meleagris* nachahmen. Auf diese Weise werden viele Angreifer zusätzlich verunsichert.

Im Aquarium lassen sich Mirakelbarsche leicht mit dem obligatorischen Frostfutter ernähren. Sehr gern werden kleine Sandgarnelen gefressen! Leider vergreifen sich die größer werdenden Mirakelbarsche an wehrlosen Garnelen. Auch vor den Putzergarnelen der Gattung *Lysmata* machen Mirakelbarsche keinen Halt.

Augenfleck-Mirakelbarsch
Calloplesiops altivelis

Mirakelbarsche sind territorial lebende Fische, die nur während der Balz und der Eiablage zusammenkommen. Trotzdem ist die Pflege eines Paars im Riffaquarium möglich. Die Vergesellschaftung zweier gleichgeschlechtlicher Exemplare führt hingegen zu großen Schwierigkeiten. Da keine geschlechtsspezifischen Merkmale bekannt sind, fällt die Paarbildung nicht leicht. Erfolgversprechend ist der Einsatz zweier unterschiedlich großer juveniler Exemplare zum gleichen Zeitpunkt.

Ebenfalls den Mirakelbarschen zugehörig, sind die Arten aus der Gattung Assessor. *Hier der blauschwarz gefärbte* Assessor mcneilli.

Einen besonderen Stellenwert nehmen die nur selten eingeführten Mirakelbarsche aus der Gattung *Assessor* ein. Es sind kleinbleibende Mirakelbarsche, die sich auf Planktonfang spezialisiert haben. Sie lassen sich hervorragend in einem Riffaquarium pflegen. Sie benötigen zum Wohlbefinden reichlich Versteckmöglichkeiten und Nahrung mundgerechter Größe. In größeren Aquarien können sie sogar in einer Gruppe gepflegt werden.

Das Wichtigste zusammengefaßt

- **Mirakelbarsche benötigen zum Wohlbefinden Verstecke.**
- **Sie bevorzugen im Aquarium das versteckte Leben und sind nur gelegentlich im freien Wasser zu sehen.**
- **Mirakelbarsche sind in der Nahrungsaufnahme nicht wählerisch; leider vergreifen sich die größeren Arten an den Putzergarnelen aus der Gattung Lysmata.**
- **Problematisch ist die Paarbildung, da bislang weder Geschlechtswechsel noch Geschlechtsdimorphismus nachgewiesen werden konnte.**
- **Alle Mirakelbarsche sind territorial lebend, wobei geschlechtsreife Tiere keinen gleichgeschlechtlichen Artgenossen dulden.**
- **Nicht so aggressiv sind die kleinbleibenden Arten aus der Gattung Assessor, die sich ausgezeichnet für die Pflege im Riffaquarium eignen; sie können zu mehreren vergesellschaftet werden.**
- **Mirakelbarsche können dem Anfänger empfohlen werden, sofern er bei den größeren Arten auf die gleichzeitige Vergesellschaftung mit Putzergarnelen der Gattung Lysmata verzichtet.**

Die Familie Pomacentridae (Riffbarsche)

Dascyllus reticulatus *in seiner natürlichen Umgebung. Foto: Y. Tavernier*

In dieser Familie finden sich eine Fülle von Arten, die unter der Überschrift „Anfängerfisch" geführt werden können. Wenn ich einem Einsteiger in die Riffaquaristik Fische empfehle, fehlen die Riffbarsche (auch als Demoisellen bezeichnet) nicht. Es handelt sich bei vielen Arten um kleinbleibende Flossenträger, die im Riff nur wenig Platz beanspruchen. Einigen von ihnen reicht ein großer verzweigter Korallenstock als Lebensraum aus.

Während die Arten aus der Gattung *Chromis* (im deutschen werden die Fische wegen ihrer gegabelten Schwanzflosse Schwalbenschwänzchen genannt) auch im geschlechtsreifen Lebensstadium gern in der Gruppe leben, ist das bei den Arten mit langgezogenem Körper aus der Gattung *Pomacentrus* oder *Neopomacentrus* nicht der Fall. Die Arten genannter Gattungen ziehen ein Leben als Paar vor. Dies gilt mit Einschränkung auch für die Zugehörigen aus den Gattungen *Dascyllus* und *Chrysiptera*.

Die Paarbildung ist einfach zu verwirklichen, da bei vielen inzwischen die Fähigkeit des Geschlechtswechsels (vom Weibchen zum Männchen) nachgewiesen werden konnte. Unabhängig davon, durchlaufen viele Riffbarsch-Arten ein juveniles Farbstadium. Unter Umständen können auch Männchen und Weibchen farblich unterschieden werden. Es zeigt sich von Art zu Art eine große Varianz im Hinblick auf:

- Geschlechtsspezifischen Dichromatismus oder
- Juvenil- und Adultfärbung.

Deshalb ist es hier nicht möglich generelle Aussagen über Farbunterschiede zu treffen. Wer sich dafür interessiert, dem sei das Buch von ALLEN: „Riffbarsche der Welt" empfohlen.

Die folgenden beiden Seiten zeigen eine Auswahl einfach zu pflegender Riffbarsche aus den unterschiedlichsten Gattungen. Auch „Anfängerfische" sind farbenprächtig, haben ihren Reiz und sind immer für eine Überraschung gut.

Chromis viridis

Dascyllus melanurus

Neoglyphidodon negroris

Pomacentrus alleni

Wie bereits erwähnt, eignet sich eine große Anzahl von Demoisellen ausgezeichnet für den Neueinsteiger. Viele unter ihnen sind robuste Fische, die schnell Ersatznahrung annehmen. Sie lassen sich rasch in das Aquarium eingewöhnen. Nicht zu unterschätzen ist die Streitsucht vieler dieser Riffbarsche. Dabei kann der Aquarianer immer wieder beobachten, daß vor allem neueingesetzte Fische hart attackiert und zuweilen sogar zu Tode gehetzt werden. Es ist ein solcher aussichtslose Versuch, *Gramma loreto,* den Feenbarsch, und *Chrysiptera taupou* oder *Chrysiptera cyanea* gemeinsam zu pflegen. Beide Riffbarsche tolerieren die Anwesenheit des Feenbarschs nur in Ausnahmefällen. Eine Vergesellschaftung ist hier nicht empfehlenswert. Die Königsgramma wird von den Demoisellen immer wieder attackiert und letztendlich getötet.
Obwohl Riffbarsche klein sind, benötigen sie doch eine reichliche Fütterung. Mangelhafte Ernährung führt dazu, daß Riffbarsche auf Wirbellose übergreifen. Vor allem Riesenmuscheln aus der Gattung *Tridacna* werden immer wieder belästigt. Dies trifft ebenso auf diverse Weichkorallen zu. Ein weiteres Muß ist eine reichhaltige Dekoration die eine Fülle an Höhlen und Nischen bietet, in die sich die Fische zurückziehen können. Je mehr Unterschlüpfe vorhanden sind, desto

weniger sind aggressive Handlungen zu beobachten. Eine Tatsache, die der Pfleger beherzigen sollte.
Ebenfalls zu den Riffbarschen gehören die Anemonenfische aus der Gattung *Amphiprion* und *Premnas*. Vor allem der Clown- oder Orange-Ringelfisch ist beinahe jedem Naturfreund ein Begriff. Es ist ein unvergeßliches Bild, wenn sich ein Pärchen Anemonenfische in ihrem Symbionten, einer Anemone, aalt. Aber: Anemonenfische sind nicht für den Anfänger geeignet – auch wenn dies immer wieder propagiert wird. Zur artgerechten Pflege benötigen Anemonenfische eine Aktinie. Dieses Blumentier aber besitzt starke Nesselgifte die andere sessile Blumentiere schädigen können. Außerdem besteht bei einer Anemone die potentielle Gefahr des Wanderns. Über Nacht kann das Tier den Standort wechseln und an einem anderen Ort zum Problem für die dort angesiedelten Korallen werden. Probleme, mit denen der Anfänger in aller Regel zunächst heillos überfordert wird.
Leider wird immer wieder die Pflege von Anemonenfische ohne ihren Symbiosepartner empfohlen. Abgesehen davon, daß es ein unnatürlicher Zustand ist, wenn ein Anemonenfischpaar in Ermangelung einer Anemone in einer Lederkoralle oder einer Scheibenanemone badet, ist es vor allem die artgerechte Pflege die hier

Chrysiptera cyanea-Männchen

Chrysiptera taupou

Dascyllus trimaculatus-Goldfärbung

Pomacentrus pavo

Jedem Aquarianer bekannt: Der Orange-Ringelfisch Amphiprion ocellaris. *Manch einer verdankt ihm den Beginn des Interesses an der Meeres-aquaristik.*

Unten: *Ebenfalls* Amphiprion ocellaris, *jedoch in der seltenen schwarzen Körperfärbung.*

Unten rechts: *Wenig natürlich wirkt es, wenn ein Anemonenfisch sich einem „Ersatzsymbionten" suchen muß.*

auf der Strecke bleibt. Bei Korallen ist der Aquarianer stets bemüht, naturähnliche Voraussetzungen in seinem Aquarium zu schaffen. Bei den Anemonenfischen hält er allerdings ein solches nicht für notwendig. Warum ist es nicht möglich, einfach auf die Pflege von Anemonenfischen zu verzichten? Es gibt keine Alternative zu einer Aktinie! Deshalb ist diese faszinierende Lebensgemeinschaft für den riffaquaristischen Anfänger nicht zu empfehlen, es sei denn, er realisiert ein eigenes Aquarium, das ausschließlich der Pflege dieser Symbiose vorbehalten ist.

Das Wichtigste zusammengefaßt

- Riffbarsche die unter dem deutschen Trivialnamen Demoisellen und Preußenfische zusammengefaßt werden, eignen sich ausgezeichnet für eine Pflege im Riffaquarium.
- Sie lassen sich leicht an das Leben im Aquarium gewöhnen.
- Viele unter ihnen leben als juvenile Tiere in der Gruppe; mit dem Beginn der Geschlechtsreife bilden sich Paare; deshalb sollten nur zwei Jungtiere einer Art gepflegt werden.
- Die Paarbildung von Riffbarschen ist Dank des Geschlechtswechsels einfach; bei einigen Arten sind phänotypische Geschlechtsunterschiede vorhanden
- Ausgenommen ist hier die Gattung *Chromis.* Die Schwalbenschwänzchen können auch im Alter in der Gruppe vergesellschaftet werden.
- Viele paarweise lebenden Riffbarsche werden mit zunehmendem Alter aggressiv und attackieren dann vor allem neueingesetzte Fische. Viele Höhlen und Nischen können das Problem der Streitsucht minimieren.
- Hungernde Riffbarsche können sich an verschiedenen Blumentieren vergreifen.
- Den Riffbarschen zugehörig sind die Anemonenfische, die allerdings dem Anfänger nicht zu empfehlen sind. Der Grund ist die Anemone, die stark nesselt und wandern kann und damit andere Blumentiere schädigt.
- Anemonenfische ohne Anemonen zu pflegen ist nicht artgerecht.
- Riffbarsche sind für den Anfänger ein idealer Einstieg um sich mit der Pflege von Fischen vertraut zu machen; Anemonenfische sind nur etwas für Spezialisten!

Die Familie Pseudochromidae (Zwergbarsche)

Einen besonderen Reiz üben die Zwergbarsche aus. Es sind kleinbleibende Barsche, die mit großer Geschwindigkeit zwischen der Dekoration hin und her hasten. Dabei scheint es ihnen unmöglich zu sein, längere Zeit an einem Ort zu verweilen. Sie erinnern an die Geschäftigkeit in unseren Großstädten.

In der älteren Literatur findet sich mitunter der deutsche Trivialname Zwergzackenbarsche. Dabei hat diese Fischfamilie nichts mit den Zackenbarschen gemeinsam – sieht man einmal davon ab, daß beide der Ordnung Perciformes (Barschartige) zugerechnet werden. Aber – viele Korallenfischfamilien gehören dieser Ordnung an!

Im Gegensatz zu den Zackenbarschen, die ihre Eier frei ins Wasser abgeben, legen Zwergbarsche Eiklumpen, die sie bewachen und gelegentlich ins Maul nehmen.

Alle *Pseudochromis*-Arten haben eine stark territorialgebundene Lebensweise, was in einem Riffaquarium durchaus zu Problemen führen kann. Vor allem die häufig eingeführten Arten *Pseudochromis paccagnellae, Pseudochromis diadema und Pseudochromis porphyreus* fallen hier sehr unangenehm auf. Nicht nur, daß sie gegen andere Zwergbarsche aggressiv vorgehen, auch Fische mit ähnli-

Blaustreifen-Zwergbarsch
Pseudochromis springeri

cher Färbung und ähnlicher Form sind Ziel der Attacken dieser Zwergbarsche. So sind es vor allem *Gramma loreto* oder *Gramma melacara,* die keinesfalls mit den genannten Zwergbarschen vergesellschaftet werden dürfen – sie werden getötet!
Weniger aggressiv sind einige Arten aus dem Roten Meer, wie beispielsweise *Pseudochromis springeri* oder *Pseudochromis fridmani.* Aber auch sie dürfen nicht mit den drei erstgenannten Zwergbarschen vergesellschaftet werden. Daß die Aggressivität dieser kleinen „Giftzwerge" nicht unterschätzt werden darf, soll folgendes Beispiel verdeutlichen. Ich pflegte vor einiger Zeit ein Pärchen *Pseudochromis cyanotaenia.* Diese Zwergbarsche haben den Vorteil, daß ihre Geschlechter farblich problemlos voneinander unterschieden werden können. (Die Männchen sind blau, die Weibchen rot gefärbt). Immer wieder kam es vor, daß diese Zwergbarsche Neueinsätze attackierten. Dabei traf es drei eingesetzte Schnabel-Lippfische der Art *Gomphosus varius* am schlimmsten. Immer wieder wurden diese Lippfische von den Zwergbarschen aus der Deckung heraus angegriffen. Der daraus resultierende Streß führte drei

Ein beliebter Zwergbarsch ist der violett-gelbe Zwergbarsch Pseudochromis paccagnellae. *Foto: Y. Tavernier*

Tage später zum Tode aller drei Schnabel-Lippfische. Nach diesem Zwischenfall wurden die Zwergbarsche gefangen und in ein anderes Aquarium übersiedelt.

Wie aber schon erwähnt, nicht alle Zwergbarsche sind derart aggressiv. Ein weiterer Reiz vieler *Pseudochromis*-Arten stellen die grellen Farben dar. Die überwältigende Farbenpracht eines *Pseudochromis dutoiti* begeistert jeden Betrachter.

Die Aggressivität dieser Fische berücksichtigend, ist es fraglich, ob es überhaupt möglich ist, Paare zu pflegen. Dank der Feststellung, daß Zwergbarsche protogyne Hermaphroditen sind, ist eine Paarbildung verhältnismäßig einfach geworden. Zwei gleichzeitig eingesetzte Jungtiere unterschiedlicher Größe führen zu einen Paar. Bei einigen Arten wurden darüber hinaus phänotypische Unterscheidungsmerkmale der Geschlechter festgestellt. Das ist ein glücklicher Umstand, den der Aquarianer nutzen sollte.

Zur Ernährung der Zwergbarsche ist anzumerken, daß die kleinen Fische alles fressen, was ihnen vor das Maul schwimmt und als Nahrung geeignet erscheint.

Schade eigentlich nur, daß einige *Pseudochromis*-Arten so streitsüchtig sind.

Das Wichtigste zusammengefaßt

- **Zwergbarsche sind quirlige kleine Fische, die im Schutz der Dekoration leben und sich stets nur kurz dem Betrachter zeigen.**
- **Neben reichhaltigen Verstecken benötigen Zwergbarsche eine ausgewogene abwechslungsreiche Ernährung, der leicht mit den herkömmlichen Frostfuttersorten entsprochen werden kann.**
- **Viele Pseudochromis-Arten sind ausgesprochen aggressiv und machen auch vor größeren Fischen anderer Familien kein Halt.**
- **Aggressives Verhalten wird vor allem durch ähnlich gefärbte und geformte Fische ausgelöst.**
- **Zwergbarsche sind in der Lage ihr Geschlecht von Weibchen zu Männchen zu wechseln; daneben finden sich bei einigen Arten auch noch farbliche Geschlechtsunterschiede.**
- **Trotz des aggressiven Charakters vieler Zwergbarsche gehören sie doch zu jenen, die auch dem Anfänger vorbehaltlos empfohlen werden können.**

Ein abschließendes Wort

Der eine oder andere Leser mag sich vielleicht enttäuscht zeigen, daß nun ausgerechnet sein „Fischfavorit“ hier nicht behandelt wurde. Ich habe mich bemüht, einen Überblick der gut zu pflegende Arten zu geben, was mir hoffentlich gelungen ist. Die vorgegebene Seitenzahl dieser Buchreihe macht es leider nicht möglich, auf die Eigenheiten, Merkmale und Bedürfnisse der einzelnen Arten oder gar aller Familien des Fischreichs einzugehen. Wie im Buch „Ihr Hobby Kaiser- und Falterfische“ zu sehen, könnte man zu jeder Fischfamilie ein Buch verfassen. Mein Anliegen war es, dem Anfänger und dem in der Fischpflege unerfahrenen Riffaquarianer, Fischfamilien aufzuzeigen, bei denen er kaum Probleme zu erwarten hat. Das Steckenpferd Meeresaquaristik ist so ungemein vielfältig, daß es deshalb nicht möglich ist, auf alles Bekannte einzugehen.

Außerdem dient das Buch dazu, dem Meerwasseraquarianer – und dazu zählen auch die „Alten Hasen“ – klar zu machen, wie mannigfaltig und interessant die Welt der Korallenfische doch ist, und welche Voraussetzungen für eine artgerechte Fischpflege im Riffaquarium nötig sind. Fische sind eben mehr als nur ein Farbklecks zwischen Korallen – Sie stehen zu dieser in einer Gemeinschaft. Angesichts der begrenzten Seitenzahl war es mir nicht mehr möglich, ein Stichwortverzeichnis einzuarbeiten. Wer dies wünscht kann sich dieses unter meiner Homepage http://www.Korallenriff.de/Frische ausdrucken lassen oder als Fotokopie bei Verlag oder Autor bestellen.

Literaturnachweis

ALLEN, G. R. 1991. Riffbarsche der Welt. Melle, 271 S.

BAENSCH, H. A. & DEBELIUS, H. 1992. Meerwasser Atlas. Melle, 1207 S.

CHLUPATY, P. 1980. Meine Erfahrungen mit Korallenfischen im Aquarium. Hannover, 272 S.

DE GRAAF, F. 1976. Tropische Zierfische im Meerwasseraquarium. Melsungen, 468 S.

FRICKE, H.W. 1980. Bericht aus dem Riff. München, 236 S.

FRISCHE, J. 1997. Noch einmal: Fischpolemik. DATZ 50(8), 519-521.

FRISCHE, J. 1997. Praxis Meerwasseraquarium. Hannover, 118 S.

GÖTHEL, H. 1994. Farbatlas Meeresfauna Fische Rotes Meer Indischer Ozean (Malediven). Stuttgart, 336 S.

THALER, E. 1997. Schau mir in die Augen, Kleines! Biologie in unserer Zeit 27(1), 17-23.

THALER, E. 1997. Fischpolemik. DATZ 50(3), 164-172.

THALER, E. 1997. Nochmals: Fischpolemik Zwei (notwendige?) Nachsätze. DATZ 50(12), 784-787.

THALER, E. 1995, Fische beobachten. Stuttgart, 191 S.

Die erfolgreiche Buchreihe,
die aus Ihnen erfolgreiche Aquarianer macht

Informativ und zugleich faszinierend – die neusten Titel aus dem bede-Verlag.

Fragen Sie bei Ihrem Fachhändler nach unserem kompletten Buchprogramm.

Mit der Erfolgsreihe aus dem bede-Verlag bieten wir Ihnen zu Ihren Aquarienfischen das passende Buch. Sie möchten in die Aquaristik einsteigen, oder Sie brauchen wertvolle Tips zur Pflege und Zucht Ihrer Fische? Dann ist unsere Buchreihe genau das Richtige. In jedem dieser Titel berichten Fachautoren zu ihren Spezialgebieten und geben so manche Insidertips preis.

Jeder der über 40 Titel umfaßt 80 Seiten und circa 80 bis 100 faszinierende Farbaufnahmen, die speziell für diese Buchreihe zusammengestellt und zum Großteil hier erstmals publiziert werden.

Für nur **DM 19,80** je Titel ein aquaristisches Muß für Hobby-Aquarianer.

bede

Fordern Sie unverbindlich eine Gesamtübersicht über unser Buchprogramm an!